国家社会科学基金（教育学）重大项目（VDA200004）阶段性研究成果
北京外国语大学“双一流”建设标志性项目（BW202018）阶段性研究成果

“一带一路”国家文化教育大系　　总主编　王定华

北马其顿文化教育研究

Северна Македонија Култура и Образование

杨鲁新　王乐凡 著

外语教学与研究出版社
FOREIGN LANGUAGE TEACHING AND RESEARCH PRESS
北京 BEIJING

图书在版编目（CIP）数据

北马其顿文化教育研究 / 杨鲁新，王乐凡著. -- 北京 ：外语教学与研究出版社，2021.9（2023.2 重印）
（“一带一路”国家文化教育大系 / 王定华总主编）
ISBN 978-7-5213-3077-9

Ⅰ. ①北… Ⅱ. ①杨… ②王… Ⅲ. ①教育研究－北马其顿 Ⅳ. ①G555.56

中国版本图书馆 CIP 数据核字（2021）第 196102 号

出 版 人　王　芳
项目负责　孙凤兰　巢小倩
责任编辑　巢小倩
责任校对　孙凤兰
装帧设计　李　高
出版发行　外语教学与研究出版社
社　　址　北京市西三环北路 19 号（100089）
网　　址　http://www.fltrp.com
印　　刷　北京盛通印刷股份有限公司
开　　本　787×1092　1/16
印　　张　16
版　　次　2021 年 10 月第 1 版　2023 年 2 月第 2 次印刷
书　　号　ISBN 978-7-5213-3077-9
定　　价　108.00 元

购书咨询：（010）88819926　电子邮箱：club@fltrp.com
外研书店：https://waiyants.tmall.com
凡印刷、装订质量问题，请联系我社印制部
联系电话：（010）61207896　电子邮箱：zhijian@fltrp.com
凡侵权、盗版书籍线索，请联系我社法律事务部
举报电话：（010）88817519　电子邮箱：banquan@fltrp.com
物料号：330770001

奥赫里德湖风光

斯科普里市街景

位于斯科普里市中心的亚历山大大帝雕像

斯科普里艺术桥和雕塑

盖里奇尼克婚庆节现场表演

斯科普里街头书摊

内戈蒂诺市一所幼儿园的活动室

北马其顿总理扎埃夫（中）参观内戈蒂诺市一所幼儿园

北马其顿南部农村地区的一所小学

杨·阿莫斯·考曼斯基学校校舍

尼古拉·瓦普察洛夫小学体育馆

参加创新课程学习的北马其顿中学生

北马其顿总理扎埃夫做多民族融合教育发展报告

斯科普里欧洲大学

泰托沃国立大学文学院

北马其顿青年学生在进行课堂讨论

北马其顿总理扎埃夫（左二）与教育和科学部部长米拉·察洛夫斯卡（右二）出席职业教育促进会议

正在参与职业教育学习的北马其顿学生

北马其顿官员参加国际教育会议

中国驻北马其顿大使馆向当地农村小学捐赠在线教学设备

出版说明

2013年9月7日，国家主席习近平提出共建“丝绸之路经济带”重大倡议。2013年10月3日，习近平主席提出共建“21世纪海上丝绸之路”重大倡议。两者合称“一带一路”倡议。以2013年金秋为起点，“一带一路”倡议作为构建人类命运共同体的伟大设想，在开拓和平、繁荣、开放、绿色、创新、文明之路的非凡征程中，孕育生机和活力，汇聚信心和期待，在世界范围内广受欢迎和响应。

文化交流、文明互鉴是构建人类命运共同体的人文基础。文化发展，教育先行。作为“共和国外交官的摇篮”、文化教育的主动践行者、“一带一路”倡议的踊跃响应者和构建人类命运共同体的积极参与者，北京外国语大学在党委书记王定华教授的带领下，放眼世界，找准坐标，勇于担当，主动作为，深耕文化教育相关领域，研究、策划并组织编写了“一带一路”国家文化教育大系（以下简称大系）。国内相关高校和研究机构的众多专家学者献计献策，踊跃参加，形成了一个范围广泛、交流互动、共同进步的“一带一路”国家文化教育学术研究共同体。大系旨在填补国内相关研究领域的学术空白，实现“一带一路”国家教育研究全覆盖，为中国教育“走出去”和相关国家先进教育理念“请进来”提供科学理论和实践指导，具有重要的学术价值。同时，大系服务国家重大战略，通过分期分批出版，形成规模和品牌，向中国共产党建党一百周年和“一带一路”倡议提出十周年献礼，具有深远的意义。

作为国家社会科学基金（教育学）重大项目“新时代提升中国参与全球教育治理的能力及策略研究”、北京外国语大学“双一流”建设标志性项目“‘一带一路’国家文化教育研究”的课题研究成果和北京外国语大学党委的“奋进之举”，大系秉承学术性与可读性兼顾的原则，对“一带一路”国家文化教育理论与实践问题展开深入研究，从国情概览、文化传统、教育历史、学前教育、基础教育、高等教育、职业教育、成人教育、教师教育、教育政策、教育行政、教育交流等方面，全景擘画“一带一路”国家的教育风貌，帮助读者了解“一带一路”国家教育的历史与现状、经验与特点，为我国教育的发展和对外交流合作提供有益的借鉴、思考与启迪。

肆虐全球的新冠肺炎疫情严重影响了各国人民的生产生活，带来了二战以来人类面临的最严重的全球性危机，同时也再次阐述了人类命运共同体深刻内涵的世界性意义。在疫情防控常态化背景下，大系所有专家学者不畏困难，齐心协力，直面挑战，守望相助，化危为机，切实履行了响应和支持“一带一路”倡议的承诺。在此，特别感谢大系总策划、总主编王定华教授，以及所有顾问、编委和作者的心血倾注、智慧贡献和努力付出。

外语教学与研究出版社对大系的编写和出版工作给予了高度重视。自2019年项目启动以来，外研社抽调精锐力量成立大系工作组，多次组织相关部门和人员召开选题论证会，商建编委会，召开全体作者大会，制订周密、科学的出版计划，以保证项目的顺利开展和图书的优质出版。目前，大系的出版工作已取得阶段性成果，预计在2023年“一带一路”倡议提出十周年之前，将分期分批推出数量和规模可观的、具有相当科研价值和学术价值的系列专著。期望大系的编写和出版能为“一带一路”建设、中外教育交流及我国文化教育发展发挥基础性、服务性、广远性的作用。

外语教学与研究出版社
2021年4月

总　序

王定华

改革开放以来，中国各项事业取得了巨大成就。中国经济和世界经济高度关联，中国一以贯之地坚持对外开放的基本国策，构建全方位开放新格局，深度融入世界经济体系。2013 年 9 月和 10 月，习近平主席在出访中亚和东南亚国家期间，先后提出共建“丝绸之路经济带”和“21 世纪海上丝绸之路”的重大倡议（以下简称“一带一路”倡议），得到国际社会的高度关注。其中，“丝绸之路经济带”东边牵着亚太经济圈，西边系着发达的欧洲经济圈，是世界上最长、最具发展潜力的经济大走廊；“21 世纪海上丝绸之路”串起连通东盟、南亚、西亚、北非、欧洲等各大经济板块的市场链，发展面向南海、太平洋和印度洋的战略合作经济带，以亚欧非经济贸易一体化为发展的长期目标。

一、精准把握“一带一路”倡议的时代意蕴

“经济带”概念是对地区经济合作模式的创新。其中经济走廊涵盖中蒙

俄经济走廊、新亚欧大陆桥、中国–中亚–西亚经济走廊、孟中印缅经济走廊、中国–中南半岛经济走廊等，以经济增长极辐射周边，超越了传统发展经济学理论。“丝绸之路经济带”概念不同于历史上所出现的各类“经济区”与“经济联盟”，同后两者相比，经济带具有灵活性高、适用性广以及可操作性强的特点，各国都是平等的参与者，本着自愿参与、协同推进的原则，发扬古丝绸之路兼容并包的精神。

“一带一路”倡议是我国在新时代推进全方位对外开放的重要举措，为当今世界提供了一个充满东方智慧、实现共同发展的中国方案，也是对历史文化传统的高度尊重，凝聚了世界各国利益的最大公约数。丝绸之路是起始于古代中国，连接亚洲、非洲和欧洲的古代陆上商业贸易路线，最初的作用是运输古代中国出产的丝绸、瓷器等商品，后来成为东方与西方之间在经济、政治、文化等方面进行交流的主要通道。1877 年，德国地质、地理学家李希霍芬（F. P. W. Richthofen）在其著作《中国》一书中，把公元前 114 年至公元 127 年，中国与中亚、中国与印度间以丝绸贸易为媒介的这条西域交通道路命名为“丝绸之路”，这一名词很快为学术界和大众所接受，并正式运用。其后，德国历史学家赫尔曼（A. Herrmann）在 20 世纪初出版的《中国与叙利亚之间的古代丝绸之路》一书中，根据新发现的文物考古资料，进一步把丝绸之路延伸到地中海西岸和小亚细亚，并确定了丝绸之路的基本内涵，即它是中国古代与中亚、南亚、西亚以及欧洲、北非的陆上贸易交往通道。进入 21 世纪，海上丝绸之路也被纳入丝绸之路的涵盖范围，即从中国沿海港口过南海到印度洋并延伸至欧洲，从中国沿海港口过南海到南太平洋。随着时代的发展，“丝绸之路”成为古代中国与西方所有政治经济文化往来通道的统称。

推进“一带一路”建设既是中国扩大和深化对外开放的需要，也是加强和世界各国互利合作的需要，中国愿意承担更多责任和义务，为人类和平发展做出更大的贡献。文明交流互鉴是构建人类命运共同体的重要途径，是推动人类文明共同进步、实现世界和平发展的重要动力。共建“一带一路”要顺应世界多极化、经济全球化、文化多样化、社会信息化的潮流，秉持开放的区域合作精神，致力于推动“一带一路”各国实现经济政策协调，开展更大范围、更高水平、更深层次的区域合作，共同打造开放、包容、均衡、普惠的区域经济合作架构，维护全球自由贸易体系和开放型世界经济格局。

“一带一路”贯穿亚欧非大陆，一头是活跃的东亚经济圈，一头是发达的欧洲经济圈，中间广大腹地国家经济发展潜力巨大。根据“一带一路”走向，陆上依托国际大通道，以中心城市为支撑，以重点经贸产业园区为合作平台，共同打造新亚欧大陆桥以及中蒙俄、中国-中亚-西亚、中国-中南半岛等国际经济合作走廊；海上以重点港口为基点，共同建设通畅安全高效的运输大通道。

“一带一路”建设是有关国家开放合作的宏大经济愿景，需要各国携手努力，朝着互利互惠、共同安全的目标相向而行：努力实现区域基础设施更加完善，安全高效的陆海空通道网络基本形成，互联互通达到新水平；投资贸易便利化水平进一步提升，高标准自由贸易区网络基本形成，经济联系更加紧密，政治互信更加深入；人文交流更加广泛深入，不同文明互鉴共荣，各国人民相知相交、和平友好。

“一带一路”倡议是具有开放性和包容性的友好建议。当今世界是一个开放的世界，开放带来进步，封闭导致落后。中国认为，只有开放才能发现机遇、抓住并用好机遇、主动创造机遇，才能实现国家的奋斗目标。“一带一路”倡议就是要把世界的机遇转变为中国的机遇，把中国的机遇转变为世界的机遇。正是基于这种认知与愿景，“一带一路”倡议以开放为导向，冀望通过加强交通、能源和网络等基础设施的互联互通建设，促进经济要素有序自由流动、资源高效配置和市场深度融合，开展更大范围、更高水平、更深层次的区域合作，打造开放、包容、均衡、普惠的区域经济合作架构，以此来解决经济增长和平衡问题。“一带一路”倡议的开放包容性是区别于其他区域性经济倡议的一个突出特点。

“一带一路”倡议是超越地缘政治的务实合作的广阔平台。“和平合作、开放包容、互学互鉴、互利共赢”的丝路精神是人类共有的历史财富，“一带一路”倡议就是秉承这一精神与原则提出的新时代重要倡议，通过加强相关国家间的全方位多层面交流合作，充分发掘与发挥各国的发展潜力与比较优势，形成互利共赢的区域利益共同体、命运共同体和责任共同体。在这一机制中，各国是平等的参与者、贡献者、受益者。因此，“一带一路”倡议从一开始就具有平等性、和平性特征。平等是中国坚持的重要国际准则，也是“一带一路”建设的关键基础。只有建立在平等基础上的合作才能是持久的合作，也才会是互利的合作。“一带一路”倡议平等包容的合作特征为其推进减轻了阻力，提升了共建效率，有助于国际合作真正“落地生根”。同时，“一带一路”建设离不开和平安宁的国际环境和地区环境，和平是“一带一路”建设的本质属性，也是保障其顺利推进所不可或缺的重要因素。这些就决定了“一带一路”倡议不应该也不可能沦为大国政治较量的工具，更不会重复地缘博弈的老路。

“一带一路”倡议是政府、企业、团体共同发力的项目载体。“一带一路”建设是在双边或多边联动基础上通过具体项目加以推进的，是在进行充分政策沟通、战略对接以及市场运作后形成的发展倡议与规划。2017 年 5 月发布的《“一带一路”国际合作高峰论坛圆桌峰会联合公报》强调了建设“一带一路”的合作原则，其中就包括市场运作原则，即充分认识市场作用和企业主体地位，确保政府发挥适当作用，政府采购程序应开放、透明、非歧视。可见，“一带一路”建设的核心主体与支撑力量并不是政府，而是企业，根本方法是遵循市场规律，并通过市场化运作模式来实现参与各方的利益诉求，政府在其中发挥构建平台、创立机制、政策引导等指向性、服务性功能。

“一带一路”倡议是与现有相关机制对接互补的有益渠道。参与“一带一路”建设的国家要素禀赋各异，比较优势差异明显，互补性很强。有的国家能源资源富集但开发力度不够，有的国家劳动力充裕但就业岗位不足，有的国家市场空间广阔但产业基础薄弱，有的国家基础设施建设需求旺盛但资金紧缺。我国目前经济总量居全球第二，外汇储备居全球第一，优势产业越来越多，基础设施建设经验丰富，装备制造能力强、质量好、性价比高，具备资金、技术、人才、管理等综合优势。这就为我国与其他“一带一路”建设参与方实现产业对接与优势互补提供了现实可能与重大机遇。因而，“一带一路”倡议的核心内容就是要加强基础设施建设和促进互联互通，对接各国政策和发展战略，以便深化务实合作，促进协调联动发展，实现共同繁荣。由此可见，“一带一路”倡议不是对现有地区合作机制的替代，而是与现有机制互为助力、相互补充。实际上，“一带一路”建设已经与俄罗斯主导的欧亚经济联盟、印尼全球海洋支点发展规划、哈萨克斯坦光明之路经济发展战略、蒙古国草原之路倡议、欧盟欧洲投资计划、埃及苏伊士运河走廊开发计划等实现了对接与合作，并形成了一批标志性项目，如中哈（连云港）物流合作基地。作为新亚欧大陆桥经济走廊建设成果之一，中哈（连云港）物流合作基地初步实现了深水大港、远洋干线、中欧班列、物流场站的无缝对接。该项目与哈萨克斯坦光明之路经济发展战略高度契合。

“一带一路”倡议是促进人文交流的沟通桥梁。“一带一路”倡议跨越不同区域、不同文化、不同宗教信仰，但它带来的不是文明冲突，而是各文明间的交流互鉴。“一带一路”倡议在推进基础设施建设、加强产能合作与发展战略对接的同时，也将“民心相通”作为工作重心之一。民心相通是“一带一路”建设的社会根基。民心相通就是要传承和弘扬丝绸之路友好合作精神，广泛进行文化交流、学术交流、人才交流往来、媒体合作、青年和妇女交往、志愿者服务等，为深化双边和多边合作奠定坚实的民意基础。一是扩大相互间留学生规模，开展合作办学；国家间互办文化年、艺术节、电影节、电视周和图书展等活动，深化国家间人才交流合作。二是加强旅游合作，扩大旅游规模，联合打造具有丝绸之路特色的国际精品旅游线路和旅游产品。三是强化与周边国家在传染病疫情信息沟通、防治技术交流、专业人才培养等方面的合作，提高合作处理突发公共卫生事件的能力。四是加强科技合作，共建联合实验室（研究中心）、国际技术转移中心、海上合作中心，促进科技人员交流，合作开展重大科技攻关，共同提升科技创新能力。五是整合现有资源，开拓和推进参与国家在青年就业、创业培训、职业技能开发、社会保障管理服务、公共行政管理等共同关心领域的务实合作。六是充分发挥政党、议会交往的桥梁作用，加强国家之间立法机构、主要党派和政治组织的友好往来，互结友好城市。七是加强各国民间组织的交流合作，重点面向基层民众，广泛开展教育、医疗、减贫开发、生物多样性和生态环保等主题的各类公益慈善活动，改善贫困地区生产生活条件；加强文化传媒领域的国际交流合作，积极利用网络平台，运用新媒体工具，塑造和谐友好的文化生态和舆论环境；通过强化民心相通，弘扬丝绸之路精神，开展智力丝绸之路、健康丝绸之路等建设，在科学、教育、文化、卫生、民间交往等领域广泛合作，使“一带一路”建设的民意基础更为坚实，社会根基更加牢固。“一带一路”建设就是要以文明交流超越文明隔阂，以文明互鉴超越文明冲突，以文明共存超越文明优越，为相关国家人民加强交流、增进理解搭起新的桥梁，为不同文化和文明加强对话、交流互鉴织就新的纽带，推动各国相互理解、相互尊重、相互信任。

“一带一路”是促进共同发展、实现共同繁荣的友谊之路。共建“一带一路”旨在促进各国发展战略的对接和耦合，有利于发掘区域市场的潜力，推动经济要素有序自由流动、资源高效配置和市场深度融合，促进投资和消费，创造需求和就业，增进各国人民的人文交流与文明互鉴，从而让各国人民相逢相知、互信互敬，共享和谐、安宁、富裕的生活。共建“一带一路”符合国际社会的根本利益，彰显了人类社会的共同理想和美好追求，是国际合作及全球治理新模式的积极探索，将为世界和平发展增添新的正能量。中国政府倡议秉持和平合作、开放包容、互学互鉴、互利共赢的理念，全方位推进务实合作，打造政治互信、经济融合、文化包容的利益共同体、命运共同体和责任共同体。

“一带一路”倡议已经得到世界上众多国家和地区的积极响应，成为维护全球自由贸易体系和开放型世界经济的重要支撑。截至 2021 年 1 月 30 日，中国已经同 171 个国家和国际组织签署 205 份共建“一带一路”合作文件。[1] 特别是 2017 年 5 月第一届“一带一路”国际合作高峰论坛、2019 年 4 月第二届“一带一路”国际合作高峰论坛和 2019 年 5 月亚洲文明对话大会的成功举办，充分彰显了我国开放、包容的大国外交风范。在此背景下，我们一方面应致力于向世界介绍中国，推动中国文化“走出去”，讲好中国故事；另一方面也应加强对“一带一路”国家的历史、文化、语言、教育、艺术等方面的介绍和研究，让中国人民更多地了解“一带一路”国家的具体国情，特别是文化传统和教育体系。

“一带一路”倡议合作范围不断扩大，合作领域愈加广阔。它不仅给参与各方带来了实实在在的合作红利，也为世界贡献了应对挑战、创造机遇、强化信心的智慧与力量。

当今世界，新冠肺炎疫情带来诸多挑战，局部战争风险依然存在，经济增长动能不足，“逆全球化”思潮涌动，地区动荡持续，恐怖主义蔓延。和平赤字、发展赤字、治理赤字带来的严峻问题，已摆在全人类面前。这充分说明现有的全球治理体系面临结构性问题，亟须找到新的破解之策与应对方略。作为一个新兴大国，中国有能力、有意愿同时也有责任为完善全球治理体系贡献智慧与力量。面对新挑战、新问题、新情况，中国给出

[1] 中国一带一路网. 我国已签署共建“一带一路”合作文件 205 份 [EB/OL].（2021-01-30）[2021-02-23]. https://www.yidaiyilu.gov.cn/xwzx/gnxw/163241.htm.

的全球治理方案是：构建人类命运共同体，实现共赢共享。“一带一路”倡议正是朝着这个目标努力的具体实践。“一带一路”倡议强调各国的平等参与、包容普惠，主张携手应对世界经济面临的挑战，开创发展新机遇，谋求发展新动力，拓展发展新空间，共同朝着人类命运共同体方向迈进。正是本着这样的原则与理念，“一带一路”倡议针对各国发展的现实问题和治理体系的短板，创立了亚洲基础设施投资银行、丝路基金等新型国际机制，构建了多形式、多渠道的交流合作平台。这既能缓解当今全球治理机制代表性、有效性、及时性难以适应现实需求的困境，在一定程度上扭转公共产品供应不足的局面，提振国际社会参与全球治理的士气与信心，又能满足发展中国家尤其是新兴市场国家变革全球治理机制的现实要求，大大增强了新兴国家和发展中国家的话语权，是推进全球治理体系朝着更加公正合理方向发展的重大突破。

“一带一路”倡议涵盖了发展中国家与发达国家，实现了“南南合作”与“南北合作”的统一，有助于推动全球均衡可持续发展。“一带一路”建设以基础设施建设为着眼点，促进经济要素有序自由流动，推动中国与相关国家的宏观政策的对接与协调。对于参与“一带一路”建设的发展中国家来说，这是一次搭中国经济发展“快车”“便车”，实现自身工业化、现代化的历史性机遇，有利于推动“南南合作”的广泛展开，同时也有助于增进“南北对话”，促进“南北合作”的深度发展。不仅如此，“一带一路”倡议的理念和方向同联合国《2030 年可持续发展议程》也高度契合，完全能够加强对接，实现相互促进。联合国秘书长古特雷斯表示，“一带一路”倡议与《2030 年可持续发展议程》都以可持续发展为目标，都试图提供机会、全球公共产品和双赢合作，都致力于深化国家和区域间的联系。

二、深入推动“一带一路”国家的教育交流

2020年6月印发的《教育部等八部门关于加快和扩大新时代教育对外开放的意见》指出，教育对外开放是教育现代化的鲜明特征和重要推动力，要以习近平新时代中国特色社会主义思想为指导，坚持教育对外开放不动摇，主动加强同世界各国的互鉴、互容、互通，形成更全方位、更宽领域、更多层次、更加主动的教育对外开放局面。

教育为国家富强、民族繁荣、人民幸福之本，在共建“一带一路”中具有基础性和先导性作用。教育交流为各国民心相通架设桥梁，人才培养为各国政策沟通、设施联通、贸易畅通、资金融通提供支撑。各国间教育交流源远流长，教育合作前景广阔，大家携手发展教育，合力共建“一带一路”，是造福各国人民的伟大事业。推进“一带一路”国家教育共同繁荣，既是加强与各国教育互利合作的需要，也是推进中国教育改革发展的需要，中国愿意在力所能及的范围内承担更多责任和义务，为区域教育大发展做出更大的贡献。

（一）教育合作的原则

“一带一路”国家教育合作应遵循四个重要原则。

一是育人为本，人文先行。加强合作育人，提高区域人口素质，为共建“一带一路”提供人才支撑。坚持人文交流先行，建立区域人文交流机制，搭建民心相通桥梁。

二是政府引导，民间主体。政府加强沟通协调，整合多种资源，引导教育融合发展。发挥学校、企业及其他社会力量的主体作用，活跃教育合作局面，丰富教育交流内涵。

三是共商共建，开放合作。坚持共商、共建、共享，推进各国教育发

展规划相互衔接，实现各国教育融通发展、互动发展。

四是和谐包容，互利共赢。加强不同文明之间的对话，寻求教育发展最佳契合点和教育合作最大公约数，促进各国在教育领域互利互惠。

（二）教育合作的重点

“一带一路”各国教育特色鲜明、资源丰富、互补性强、合作空间巨大。中国将以基础性、支撑性、引领性三方面举措为建议框架，开展三方面重点合作，对接各国意愿，互鉴先进教育经验，共享优质教育资源，全面推动各国教育提速发展。

1. 开展教育互联互通合作

一是加强教育政策沟通。开展“一带一路”国家教育法律、政策协同研究，构建各国教育政策信息交流通报机制，为各国政府推进教育政策互通提供决策建议，为各国学校和社会力量开展教育合作交流提供政策咨询。积极签署双边、多边和次区域教育合作框架协议，制定各国教育合作交流国际公约，逐步疏通教育合作交流政策性瓶颈，实现学分互认、学位互授联授，协力推进教育共同体建设。

二是助力教育合作渠道畅通。推进“一带一路”国家间签证便利化，扩大教育领域合作交流，形成往来频繁、合作众多、交流活跃、关系密切的携手发展局面。鼓励有合作基础、相同研究课题和发展目标的学校缔结姊妹关系，逐步深化和拓展教育合作交流。举办校长论坛，推进学校间开展多层次、多领域的务实合作。支持高等学校依托优势学科和专业，建立“产学研用”相结合的国际合作联合实验室（研究中心）、国际技术转移中心，共同应对各国在经济发展、资源利用、生态保护等方面面临的重大挑战与机遇。打造“一带一路”国家学术交流平台，吸引各国专家学者、青年学生开展研究和学术交流。推进“一带一路”国家优质教育资源共享。

三是促进语言互通。研究构建语言互通协调机制，共同开发语言互通开放课程，逐步将国家语言课程纳入各国的学校教育课程体系。拓展政府间语言学习交换项目，联合培养、相互培养高层次语言人才。发挥外国语院校人才培养优势，推进基础教育多语种师资队伍建设和外语教育教学工作。扩大语言学习国家公派留学人员规模，倡导各国与中国院校合作在华开办本国语言专业。支持更多社会力量助力孔子学院和孔子课堂建设，加强汉语教师和汉语教学志愿者队伍建设，全力满足不同国家的汉语学习需求。

四是推进民心相通。鼓励学者开展或合作开展中国课题研究，增进各国对中国发展模式、国家政策、教育文化等各方面的理解。建设国别和区域研究基地，与对象国合作开展经济、政治、教育、文化等领域研究。逐步将理解教育课程、丝路文化遗产保护纳入各国中小学教育课程体系，加强青少年对不同国家文化的理解。加强“丝绸之路”青少年交流，注重通过志愿服务、文化体验、体育竞赛、创新创业活动和新媒体社交等途径，增进不同国家青少年对其他国家文化的理解。

五是推动学历学位认证标准联通。推动落实联合国教科文组织《亚太地区承认高等教育资历公约》，支持联合国教科文组织建立世界范围学历互认机制，实现区域内双边、多边学历学位关联互认。呼吁各国完善教育质量保障体系和认证机制，加快推进本国教育资历框架开发，助力各国学习者在不同种类和不同阶段教育之间进行转换，促进终身学习社会的建设。共商、共建区域性职业教育资历框架，逐步实现就业市场的从业标准一体化。探索建立各国教师专业发展标准，促进教师流动。

2．开展人才培养培训合作

一是实施“丝绸之路”留学推进计划。设立“丝绸之路”中国政府奖学金，为各国专项培养行业领军人才和优秀技能人才。全面提升来华留学人才培养质量，把中国打造成为深受各国学子欢迎的留学目的地。以国家公派留学为引领，推动更多中国学生到“一带一路”其他国家留学。坚持“出国留学和来华留学并重、公费留学和自费留学并重、扩大规模和提高质量并重、依法管理和完善服务并重、人才培养和发挥作用并重”，完善全链条的留学人员管理服务体系，保障平安留学、健康留学、成功留学。

二是实施“丝绸之路”合作办学推进计划。有条件的中国高等学校开展境外办学要集中优势学科，选好合作契合点，做好前期论证工作，构建科学的人才培养模式、运行管理模式、服务当地模式、公共关系模式，使学校顺利落地生根、开花结果。发挥政府引领、行业主导作用，促进高等学校、职业院校与行业企业深度产教融合。鼓励中国优质职业教育配合高铁、电信运营等行业企业“走出去”，探索开展多种形式的境外合作办学，合作设立职业院校、培训中心，合作开发教学资源和项目，开展多层次职业教育和培训，培养当地急需的各类“一带一路”建设者。整合资源，积极推进与各国在青年就业培训等共同关心领域的务实合作。倡议国家之间开展高水平合作办学。

三是实施“丝绸之路”师资培训推进计划。开展“丝绸之路”教师培训，加强先进教育经验交流，提升区域教育质量。加强“丝绸之路”教师交流，推动各国校长交流访问、教师及管理人员交流研修，推进优质教育模式在各国的互学互鉴。大力推进各国优质教学仪器设备、教材课件和整体教学解决方案的输出，跟进教师培训工作，促进各国教育资源和教学水平均衡发展。

四是实施“丝绸之路”人才联合培养推进计划。推进国家间的研修访学活动。鼓励各国高等院校在语言、交通运输、建筑、医学、能源、环境工程、水利工程、生物科学、海洋科学、生态保护、文化遗产保护等国家发展急需的专业领域联合培养学生，推动联盟内或校际教育资源共享。

3．共建丝路合作机制

一是加强“丝绸之路”人文交流高层磋商。开展国家间的双边、多边人文交流高层磋商，商定“一带一路”教育合作交流总体布局，协调推动各国建立教育双边和多边合作机制、教育质量保障协作机制和跨境教育市场监管协作机制，统筹推进“一带一路”教育共同行动。

二是充分发挥国际合作平台作用。发挥上海合作组织、东亚峰会、亚太经合组织、亚欧会议、亚洲相互协作与信任措施会议、中阿合作论坛、东南亚教育部长组织、中非合作论坛、中巴经济走廊、孟中印缅经济走廊、中蒙俄经济走廊等现有双边、多边合作机制的作用，增加教育合作的新内涵。借助联合国教科文组织等国际组织力量，推动各国围绕实现世界教育发展目标形成协作机制。充分利用中国–东盟教育交流周、中日韩大学交流合作促进委员会、中阿大学校长论坛、中非高校20+20合作计划、中日大学校长论坛、中韩大学校长论坛、中俄综合性大学联盟等已有平台，开展务实的教育合作交流。支持在共同区域、有合作基础、具备相同专业背景的学校组建联盟，不断延展教育务实合作平台。

三是实施“丝绸之路”教育援助计划。发挥教育援助在“一带一路”教育共同行动中的重要作用，逐步加大教育援助力度，重点投资于人、援助于人、惠及于人。发挥教育援助在“南南合作”中的重要作用，加大对相关国家尤其是最不发达国家的支持力度。统筹利用国家、教育系统和民间资源，为相关国家培养培训教师、学者和各类技能人才。积极开展优质教学仪器设备、整体教学方案、配套师资培训一体化援助。加强中国教育培训中心和教育援外基地建设。倡议各国建立政府引导、社会参与的多元化经费筹措机制，通过国家资助、社会融资、民间捐赠等渠道，拓宽教育经费来源，做大教育援助格局，实现教育共同发展。

三、精心组织“一带一路”国家文化教育大系的编著出版

在编写“一带一路”国家文化教育大系过程中，应当全面了解国内外对“一带一路”倡议的响应情况，关注进展，总结做法；应当在新冠肺炎疫情得到控制后到对象国去走一走，看一看，实地感受其教育情况和发展变化；应当广泛收集对象国一手资料，认真阅读，消化分析，吐故纳新；应当多方检索专家学者已经开展的相关研究，虚心参阅已有的研究成果。肆虐全球的新冠肺炎疫情，给人类身体健康和生命安全带来了巨大威胁，对世界格局和世界治理体系产生了重大影响，给全球各行各业带来了巨大挑战。教育置身其间，影响十分明显。因而，对“一带一路”国家文化教育进行研究时，必须观察分析疫情对相关国家文化教育和全球教育治理的深刻影响。

“一带一路”倡议提出后，中外已形成多个“一带一路”多边大学联盟。2015 年 5 月 22 日，由西安交通大学发起的新丝绸之路大学联盟成立，迄今已吸引 38 个国家和地区的 150 余所大学加盟。该联盟是海内外大学结成的非政府、非营利性的开放性、国际化高等教育合作平台，以“共建教育合作平台，推进区域开放发展”为主题，推动“新丝绸之路经济带”国家和地区大学之间在校际交流、人才培养、科研合作、文化沟通、政策研究、医疗服务等方面的交流与合作，增进青少年之间的了解和友谊，培养具有国际视野的高素质、复合型人才，服务“新丝绸之路经济带”及欧亚地区的发展建设。

2015 年 10 月 17 日，丝绸之路（敦煌）国际文化博览会筹委会文化传承创新高端学术研讨会在敦煌举行。中国的复旦大学、北京师范大学、兰州大

学和俄罗斯乌拉尔国立经济大学、韩国釜庆大学等46所中外高校在甘肃敦煌成立了“一带一路”高校战略联盟，以探索跨国培养与跨境流动的人才培养新机制，培养具有国际视野的高素质人才。46所高校当日达成《敦煌共识》，联合建设“一带一路”高校国际联盟智库。联盟将共同打造“一带一路”高等教育共同体，推动“一带一路”国家和地区大学之间在教育、科技、文化等领域的全面交流与合作，服务“一带一路”国家和地区的经济社会发展。

2016年9月，中国、中亚及丝绸之路经济带沿线7个国家的51所高校共同发起成立了中国–中亚国家大学联盟，旨在打造开放性、国际化互动平台，深化“一带一路”科教合作。

此外，高等教育合作研讨会也日渐增多，既有官方推动形成的研讨会，也有民间自发举办的研讨会。比如，中外大学校长论坛、新加坡–中国–印度高等教育论坛、“一带一路”教育对话论坛，以及北京师范大学举办的“一带一路”国家教育交流与合作高端研讨会，北京外国语大学举办的“一带一路”与行业国际化人才培养高峰论坛，北京理工大学主办的“一带一路”高等教育研究国际会议，浙江大学举办的“一带一路”背景下的工程科技人才培养国际研讨会等。这些多边研讨会的召开，不仅吸引了大量“一带一路”沿线国家的教育研究者与实践者参会，推动了研究与实践合作，而且创新了教育合作模式，促进了国际化高端人才培养，为“一带一路”建设奠定了民意基础。

“一带一路”倡议提出之后，中国学术界迅速开展了关于“一带一路”的研究活动，有关“一带一路”主题的图书主要有以下五类。第一类是倡议解读类图书，一般是梳理“一带一路”倡议的提出、发展及其理论内涵与外延。第二类是经济贸易类图书，专业性较强，主要为理论研究型图书。第三类是国情文史类图书，多为介绍“一带一路”国家国情概览、历史情况、发展概况的工具书，语言平实，部分图书学术性较强。第四类是丝路历史类图书，一般回顾古代丝绸之路的形成与发展、丝绸之路上的人物和大事记等，追古溯源，以便更好地开启“一带一路”新篇章。第五类是法律税收类图书，多为法律指引、税务规范手册等。

可以看出，国内对“一带一路”国家的研究已有一定基础，但是囿于语言翻译的障碍，已经出版的“一带一路”图书，大多是政策解读、数据报告、概况介绍等，对对象国的研究广度和深度还很不够，尤其是针对“一带一路”国家文化教育的系统研究还比较少。

在“一带一路”国家中，遴选具有代表性的对象，对其文化、教育进行系统性的研究，并在此基础上编写“一带一路”国家文化教育大系，分期分批出版，对于帮助中国普通读者和研究人员了解“一带一路”国家的文化教育情况，以及对于拓展我国比较教育研究领域、丰富比较教育研究文献，乃至对于促进中外文明互通、更好地参与推进“一带一路”建设，都具有重要意义。基于对选题背景与意义、相关出版产品调研和北京外国语大学比较优势的分析，“一带一路”国家文化教育大系坚持学术性、可读性兼顾原则，分批次推出，不断积累，以形成规模和品牌。

大系在内容上，一方面呈现“一带一路”国家的文化概貌，展示“一带一路”国家教育发展的文化背景和社会依托。大系采用专题形式，力求用简洁平实的语言生动活泼地介绍“一带一路”国家的自然地理、人文景观、历史发展、风土人情、文化遗产等内容，重点呈现对象国独有的文化现象和独特风貌，集中揭示其民族文化内涵、民族精神、人文意蕴。另一方面，大系重点研究、评价、介绍“一带一路”国家教育的基本情况、发展历史、发展战略、政策法规、现存体系、治理模式与师资队伍等，这方面内容占较大篇幅，是全书的重点和主要内容。

“一带一路”倡议正在成为我国参与全球开放合作、改善全球治理体系、促进全球共同发展繁荣、推动构建人类命运共同体的中国方案。作为国家社会科学基金（教育学）重大项目“新时代提升中国参与全球教育治理的能力及策略研究”的部分研究成果和北京外国语大学“双一流”建设重大标志性成果，“一带一路”国家文化教育大系计划在2021年中国共产党建党100周年和北京外国语大学建校80周年之际，推出首批图书。2023年“一带一路”倡议提出10周年时，推出该项目二期成果。同时积极参与党和国家相关主题纪念活动，以及国家重大图书项目的申报评选工作。

北京外国语大学以外语见长，国际交往活跃，被誉为“共和国外交官的摇篮”，先后培养了400多位大使、2 000多位参赞，以及更多的外交外事外贸工作者。凡是有五星红旗飘扬的地方，都能看到北外人的身影。北外不仅承担着培养各类国际化人才的任务，更担负着向中国介绍世界、向世界介绍中国的历史使命。迄今为止，北外已获批开设101种外国语言，成立了37个区域与国别研究中心，丰富的涉外资源正在助力“一带一路”国家的研究。

大系由外研社具体组织实施。外研社隶属北外，多年来致力于“一带一路”国家的合作交流，服务讲好“中国故事”，在中华思想文化传播、打造中外出版联盟、推动中外学术互译等方面积累了丰富经验，对于协助研究、编著、出版“一带一路”国家文化教育大系具有良好的工作基础。这也是北外及外研社的使命和担当之所在。

大系编著者以北外教师为主。服务国家重大战略，北外人责无旁贷。同时，国内有研究专长和研究意愿的专家学者也踊跃参与，他们或独自撰著一书，或与北外同仁合作。大系还邀请了驻外使领馆的同志和对象国的学者参加撰写或审稿，他们运用一手资料，开展实地调研，力图提升大系的准确性。

四、结语

“一带一路”倡议植根历史，更面向未来；源于中国，更属于世界。“一带一路”作为文明互鉴的桥梁，从亚欧大陆延伸到非洲、美洲、大洋洲，与世界各国发展战略及众多国际和地区组织的发展实现对接联通，在通路、通航的基础上更好地通商，进而开展文化教育交流与沟通，加强商品、资金、技术、文化、教育流通，达成互学互鉴的文明愿景。“一带一路”倡议的目标是中国与“一带一路”国家在互联互通基础上分享优质产能，共商项目投资，共建基础设施，共享合作成果，内容包括政策沟通、设施联通、贸易畅通、资金融通、民心相通“五通”。“一带一路”倡议肩负重大使命，它要探寻经济增长之道，将中国自身的产能优势、技术与资金优势、经验与模式优势转化为市场与合作优势，实行全方位开放，共享中国改革发展红利；它要实现全球化再平衡，鼓励向西开放，带动西部开发以及中亚、蒙古等内陆国家和地区的开发，在国际社会推行全球化的包容性发展理念，主动向西推广中国优质产能和比较优势产业，惠及沿途、沿岸国家，避免西方国家所开创的全球化造成的贫富差距和地区发展不平衡情况，推动建立持久和平、普遍安全、共同繁荣的和谐世界；它要开创地区新型合作，强调共商、共建、共享原则，超越了马歇尔计划和传统的对外援助活动，给 21 世纪的国际合作带来了新的理念。所以，新时代中国的教育学者应当将“一带一路”国家文化教育研究作为比较教育新的增长点，全面深入开展研究，以自己的聪明才智丰富学术，为国出力，服务国家重大发展战略；在加强与“一带一路”国家的交流合作中，推动“一带一路”建设高质量发展，努力建设高质量的中国教育体系，并积极参与全球教育治理体系改革，加快构建以国内大循环为主体、国际国内双循环相互促进的新发展格局。

2021 年春
于北京外国语大学

（王定华，北京外国语大学党委书记、博士、教授、博士生导师，国家督学。历任河南大学教师、中国驻纽约总领事馆教育领事、教育部基础教育一司司长、教育部教师工作司司长等。）

本书前言

自2013年以来，习近平主席提出的“一带一路”倡议得到了众多国家和国际组织的积极响应和广泛参与。在“一带一路”倡议框架下，中国与“一带一路”国家开展了全方位的交流与合作，文化教育交流自然也是其中重要的一环。通过支持文化团体交流互访、举办教育合作高峰论坛、互派留学生、加速学历互认、开展海外办学等多种方式，中国与“一带一路”国家在文化教育领域的合作取得了令人瞩目的进展和丰硕的成果，既惠及了“一带一路”国家和人民，又促进了我国文化软实力的发展，有利于加快实现我国教育现代化、建设教育强国、办好人民满意的教育的目标。在此背景下，北京外国语大学和外语教学与研究出版社适时推出的“一带一路”国家文化教育大系，定会为“一带一路”建设添砖加瓦，为增进中国人民与“一带一路”国家人民的相互了解发挥积极作用，为国内外教育工作者和研究者提供有力支持。

《北马其顿文化教育研究》作为“一带一路”国家文化教育大系的一个分册，对北马其顿共和国的国家概况、文化风貌、教育历史及现状等方面进行了全面系统的探究。本书包括十二章正文、结语、附录和参考文献。第一章从北马其顿的自然地理、国家制度和社会生活三个角度，对北马其顿的国情进行了简要而全面的介绍，帮助读者掌握北马其顿的基本情况，为研究其教育体制和教育实践提供了背景和语境。第二章介绍了北马其顿的简要历史、当地的风土人情，以及历史和现代文化名人，帮助读者全面了解北马其顿的文化传统和现状。第三章聚焦于北马其顿的教育历史沿革，通过回顾北马其顿中世纪、19—20世纪、社会主义时期以及独立后的教育发展变迁，帮助读者了解北马其顿各个历史时期的主要教育特点，以及对北马其顿教育发展产生过重大影响的教育人物。第四章至第九章分别介绍和研究了北马其顿的学前教育、基础教育、高等教育、职业教育、成人教育及教师教育，每章均按照"发展和现状""特点和经验""挑战和对策"三个小节进行编写，读者可以根据自己的兴趣或需要阅读相应的章节。在对北马其顿各层各级教育进行系统探究后，第十章重点关注北马其顿的教育政策，详细介绍了近年来北马其顿主要的教育政策、法律和文件；第十一章则重点关注北马其顿的中央和地方教育行政管理体系，并结合案例进行了分析。第十二章回顾了中国与北马其顿的文化教育交往历史，结合案例分析了中国与北马其顿两国教育合作的模式，总结了两国教育合作的原则，并为两国未来的教育合作提出了建议。结语对本书的内容进行了总结，并对中国和北马其顿两国未来的文化教育交流合作进行了展望。此外，本书的附录部分还收录了十二条与北马其顿教育发展与改革相关的补充资料，供读者参考。

对于许多人来说，北马其顿这个名字既熟悉又陌生。人们对出现在各类历史著作、文学作品、影视作品甚至电子游戏中的"马其顿帝国"相对熟悉，但是对当代北马其顿共和国却感到陌生。纵观国内已出版的图书、期刊等文献，关于北马其顿的各类研究相对有限，专注北马其顿文化和教育的研究成果更是稀少。因此，本书的撰写过程也是我们对北马其顿这个国家不断深入探索和了解的过程。我们希望《北马其顿文化教育研究》一书的出版可以填补国内针对北马其顿文化和教育研究领域的空白，为从事相关研究的学者或对相关话题感兴趣的读者提供更多更新的资料。同时，我们也必须承认，由于北马其顿建国历史较短，相关文献和资料数量有限，加之疫情原因难以前往北马其顿开展实地调研，本书仍有许多无法详尽之处，希望学界同仁和广大读者可以批评指正，不吝赐教！

就分工而言，杨鲁新负责全书架构，撰写本书各章中的教育和比较教育研究部分以及全书终稿的修订工作；王乐凡负责前期资料收集，各章初稿撰写和全书终稿的修订工作。

在本书撰写过程中，我们十分感谢“一带一路”国家文化教育大系总主编王定华教授，以及北京外国语大学和外语教学与研究出版社的领导和编辑的支持、关心与指导。同时，我们也要感谢中国驻北马其顿共和国大使馆相关工作人员、北京外国语大学副校长赵刚教授、北京外国语大学欧洲语言文化学院陈巧老师和詹彦怡老师在本书撰写过程中提供的宝贵资料和建议。书中部分图片由 Flickr 网站摄影师 vesnamarkoska、george K.、Adam Jones 和 International Debate Education Association 以及 ITV Pictures 提供，在此一并致谢。

杨鲁新　王乐凡

2021 年 9 月于北京外国语大学

目　录

第一章 国情概览

第一节 自然地理

北马其顿共和国（英语：The Republic of North Macedonia，马其顿语：Република Северна Македонија，阿尔巴尼亚语：Republika e Maqedonisë së Veriut），简称北马其顿，位于欧洲东南部的巴尔干半岛，国土面积共 25 713 平方千米[1]。北马其顿为内陆国家，北部与塞尔维亚接壤，南部与希腊接壤，西邻阿尔巴尼亚，东接保加利亚。北马其顿在地理上是欧洲的十字路口，连通欧洲中部、东部、西部及爱琴海。北马其顿国境线总长 896 千米，与邻国接壤的陆地、河流、湖泊边境线长分别为 835 千米、14 千米和 47 千米。[2]

一、地理位置

北马其顿地处巴尔干半岛中部，被萨尔山脉和奥索戈沃山脉环绕。国内主要地形为山地、平原和盆地。北马其顿境内地势崎岖，山地面积约占国土总面积的 79%（约 20 313 平方千米）。境内海拔高度高于 2 000 米的山

[1] 资料来源于北马其顿国家统计局官网。

[2] 陈华．马其顿 [M]．大连：大连海事大学出版社，2018：3.

峰有 177 座[1]，最高峰为位于北马其顿与阿尔巴尼亚边境的科拉比山，海拔高度 2 764 米。[2] 除山地外，平原面积约占国土总面积的 19%（约 4 900 平方千米），盆地面积约占国土总面积的 1.9%（约 488 平方千米）。[3]

二、地质

北马其顿地质结构主要由重叠的古老变质岩组成，西部地区主要为侵蚀裸露的花岗岩，中部地区则为年代较近的沉积岩。北马其顿位于地中海–喜马拉雅地震带，一系列地震频发的断层线从北到南纵贯北马其顿。[4] 北马其顿近代历史上最严重的一次地震发生在 1963 年，震级达到里氏 6.1 级，造成斯科普里市 1 070 人死亡，超过 3 300 人受重伤，近 76% 的人口无家可归，80.7% 的城市面积被损毁。[5]

三、气候

北马其顿的气候以温带大陆性气候为主，四季分明，夏季最高温度可达 40℃，冬季最低温度可达零下 30℃。由于地形地势不同，北马其顿东部和西部气候差异明显，东部地区夏季炎热干燥，冬季相对温和，而西部山区则冬季多严寒。北马其顿全国年平均降水量约为 500—700 毫米[6]，西部山

[1] 陈华．马其顿 [M]．大连：大连海事大学出版社，2018：4.

[2] 资料来源于大英百科全书官网。

[3] 陈华．马其顿 [M]．大连：大连海事大学出版社，2018：4.

[4] 资料来源于大英百科全书官网。

[5] 资料来源于北马其顿国家新闻社官网。

[6] 资料来源于大英百科全书官网。

区年平均降水量可达 1 700 毫米[1]。

四、水文

活跃的地壳运动塑造了北马其顿的两大天然构造湖——奥赫里德湖和普雷斯帕湖。奥赫里德湖位于北马其顿与阿尔巴尼亚边境，面积 347 平方千米，最深处达 286 米，是巴尔干半岛第二大湖，也是巴尔干半岛最深的湖泊。[2] 1979 年，奥赫里德湖及周边地区被联合国教科文组织列入《世界遗产名录》。[3] 普雷斯帕湖为北马其顿第二大湖，位于北马其顿、阿尔巴尼亚和希腊三国的交界处，面积 274 平方千米。奥赫里德湖与普雷斯帕湖由地下水道相连接，两大湖区均由群山环抱，风景秀丽，历史建筑众多，是著名的旅游和垂钓胜地。北马其顿第三大天然湖泊为多伊兰湖。多伊兰湖总面积约 42.7 平方千米，由北马其顿和希腊共有，其中约有 20 平方千米位于北马其顿境内。[4]

北马其顿境内最长的河流为瓦尔达尔河，该河长 388 千米，流域面积约占北马其顿国土总面积的 80%。瓦尔达尔河发源于萨尔山脉东坡，从戈斯蒂瓦尔出发，向东北方流经泰托沃，随后折向东南方，经过斯科普里和韦莱斯后流入希腊境内。瓦尔达尔河连接巴尔干半岛南北两端，瓦尔达尔河谷中游盛产棉花、水稻、水果和蔬菜，是北马其顿重要的经济和交通孔道。[5]

[1] GEORGIEVA V, KONECHNI S. Historical dictionary of the Republic of Macedonia[M]. Lanham, MD: Scarecrow Press, 1998: 73.

[2] 资料来源于大英百科全书官网。

[3] 资料来源于联合国教科文组织官网。

[4] 陈华．马其顿 [M]．大连：大连海事大学出版社，2018：6.

[5] 陈华．马其顿 [M]．大连：大连海事大学出版社，2018：6.

五、自然资源

北马其顿自然资源丰富，主要自然资源有矿产资源、森林资源和动物资源等。其主要矿产资源有煤、铁、铅、锌、铜、镍等，其中煤蕴藏量约9.4亿吨。另外，北马其顿还有非金属矿产碳、斑脱土、耐火黏土、石膏、石英、蛋白石、长石等资源。[1] 北马其顿森林覆盖率整体水平比较高。截至2020年，北马其顿森林覆盖率为38.9%。[2] 北马其顿政府重视森林资源保护，遏制非法砍伐森林。此举既有效控制了自然灾害，也减少了病虫害和森林火灾对森林资源的危害。丰富的森林资源孕育了北马其顿的生物多样性，北马其顿的鸟类种类多达333种，哺乳动物84种，鱼类85种，爬行动物32种，两栖动物15种。[3] 目前有记录的濒危保护动物54种，包括阿尔巴尼亚油白鱼、巴尔干雪田鼠、黑尾塍（音chéng）鹬、佩拉戈尼亚丰年虫、奥赫里德拟白鱼等。

第二节 国家制度

北马其顿共和国原名马其顿共和国。1991年11月20日，北马其顿宣布独立，定宪法国名为“马其顿共和国”。因希腊反对北马其顿使用宪法国名，1993年4月7日，北马其顿以“前南斯拉夫马其顿共和国”的临时国名加入联合国。2018年6月，北马其顿与希腊就解决国名争端问题签署《普雷斯帕协议》。2019年2月12日，北马其顿正式通知联合国《普雷斯帕协

[1] 中华人民共和国外交部. 北马其顿国家概况 [EB/OL]. [2020-09-20]. https://www.fmprc.gov.cn/web/gjhdq_676201/gj_676203/oz_678770/1206_679474/1206x0_679476/.

[2] 中华人民共和国外交部. 北马其顿国家概况 [EB/OL]. [2020-09-20]. https://www.fmprc.gov.cn/web/gjhdq_676201/gj_676203/oz_678770/1206_679474/1206x0_679476/.

[3] 资料来源于地球濒危物种官网。

议》生效，将国名由“马其顿共和国”更改为“北马其顿共和国”。[1] 北马其顿国名中的“马其顿”的来源有多种说法。有学者认为其源自公元前 13 世纪末定居于巴尔干半岛的马其顿（Macedoni）部落；也有学者认为其源于 6 世纪在此居住的斯拉夫民族的马其顿人（Macedonian）；还有说法认为来源于希腊语 Μακεδόνας，即希腊神话中古马其顿人的同名祖先——在此地称王的宙斯的儿子。[2]

一、国家象征

北马其顿国旗为长方形，长宽比例为 2∶1。1991—1995 年，北马其顿使用红色底、上面有一颗十六芒星（也称马其顿之星）的国旗。但是，马其顿之星也是希腊马其顿大区旗帜的主要元素，因而此举遭到希腊的反对，于 1995 年换用新国旗并沿用至今。北马其顿现在的国旗为红色底，正中有金黄色太阳，从内向外放出八道光芒，呈现了旭日初升、光芒照耀四方的形象。太阳是马其顿民族的象征，金色太阳表示马其顿人民为了解放，为了自由的天空，愿意献出自己的鲜血和生命。太阳向四周放射出的八道光芒象征其对马其顿人民世世代代的护佑。

北马其顿国徽为圆形，中间绘有自高山和湖泊升起的太阳，周围饰以麦穗、罂粟、烟草和以当地刺绣图案为题材的绶带。该国徽于 2009 年 11 月 16 日启用。2019 年，“马其顿共和国”更名为“北马其顿共和国”，北马其顿政府表示将在 2022 年之前启用新国徽。

---

[1] 中华人民共和国外交部．北马其顿国家概况 [EB/OL]. [2020-09-20]. https://www.fmprc.gov.cn/web/gjhdq_676201/gj_676203/oz_678770/1206_679474/1206x0_679476/.

[2] 陈华．马其顿 [M]．大连：大连海事大学出版社，2018：20.

北马其顿国歌为《今天在马其顿之上》。这首歌创作于1943年，由弗拉多·马莱斯基作词、托多尔·斯卡洛夫斯基作曲。第二次世界大战后，北马其顿加入南斯拉夫民主联盟，这首歌被选定为国歌。1991年北马其顿宣布脱离南斯拉夫独立后，这首歌被沿用为北马其顿的国歌。国歌大意为：

自由的新太阳今天在马其顿诞生，马其顿人为他们的权利而战；不要哭，亲爱的母亲马其顿，骄傲地高抬起你的头，男女老少都已经站了起来；克鲁塞沃共和国的旗帜再次飘扬，戈采·德尔切夫、皮图古里、达麦格鲁耶夫、桑丹斯基；马其顿森林嘹亮地唱着新的歌曲、新的消息，解放马其顿，生活在自由之中！

二、行政区划

根据2004年8月北马其顿议会通过的《新行政区划法》，北马其顿共设85个地方行政单位。[1] 截至2019年1月，北马其顿共有34个城市、80个市镇、1 749个村庄。[2] 主要城市包括斯科普里、比托拉、库马诺沃和普里莱普等。

斯科普里为北马其顿首都，位于北马其顿西北部，面积1 818平方千米[3]，是北马其顿最大的城市，也是该国的政治、经济、文化和交通中心。2019年，斯科普里人口为63万。[4] 斯科普里四周被高山环抱，海拔高度

[1] 陈华. 马其顿 [M]. 大连：大连海事大学出版社，2018：8.

[2] 资料来源于北马其顿国家统计局官网。

[3] 资料来源于斯科普里市政府官网。

[4] 中华人民共和国外交部. 北马其顿国家概况 [EB/OL]. [2020-09-20]. https://www.fmprc.gov.cn/web/gjhdq_676201/gj_676203/oz_678770/1206_679474/1206x0_679476/.

240 米，年平均温度 13.5℃，北马其顿最长的河流瓦尔达尔河从斯科普里穿过。斯科普里的市徽为盾形，上有代表斯科普里的瓦尔达尔河石桥、卡莱森林以及萨尔山雪峰。斯科普里市旗为长方形，红底，在旗帜左方印有黄色的斯科普里市徽轮廓。斯科普里是北马其顿最大的烟草加工中心，并拥有化学、冶金、水泥、玻璃、机械制造、电器制造等工业。斯科普里圣基里尔和麦托迪大学（又称圣基里尔和麦托迪大学，以下简称斯科普里大学）也坐落于此，是北马其顿历史最悠久、最大的综合性大学。

北马其顿第二大城市是比托拉，位于北马其顿南部，面积 422 平方千米，人口超过 7 万人，临近北马其顿与希腊边境。比托拉是北马其顿南部行政、文化、工业、商业及教育中心。英国、法国、俄罗斯、奥地利、土耳其等国均在此设有领事馆或名誉领事馆。比托拉圣克里门特·奥赫里德斯基大学（以下简称比托拉大学）也位于比托拉市。

北马其顿的第三大城市是库马诺沃，位于北马其顿北部，面积 509 平方千米，人口将近 7 万人。库马诺沃的人口主要包括马其顿族、阿尔巴尼亚族、塞尔维亚族和罗姆族，也有少量的土耳其族、波斯尼亚族定居于此。库马诺沃地区的工业水平较为先进，制鞋业尤为发达，是北马其顿东北部重要的工业生产中心。这里的工业产品除了内销，还出口到塞尔维亚、保加利亚、希腊、阿尔巴尼亚、捷克、斯洛伐克、德国等国家。

北马其顿的第四大城市是普里莱普，位于北马其顿中部，面积 1 194 平方千米，人口约 6.6 万人，主要人口为马其顿族，也有少部分的罗姆族和其他民族。烟草种植是普里莱普最重要的经济来源之一，这里的气候非常适合高质量烟草的生长，建有烟草研究院专门研究和培养新型烟草。

三、宪法、政府与政体

（一）宪法

1991年11月17日，北马其顿通过新宪法，确立北马其顿是一个主权国家、独立国家、民主国家和福利国家；国家实行三权分立，即立法权、行政权和司法权分离。宪法保障公民的自由和基本权利，保障政治多元化和自由、直接、民主的选举。宪法还规定北马其顿为议会代表制共和国，立法机构为国民议会；总统以无记名投票方式通过普选产生，任期5年，连任最多不得超过两任。

北马其顿宪法曾多次修改。1992年1月，北马其顿议会修宪，声明北马其顿对邻国没有领土要求。2001年11月，北马其顿议会修宪，扩大阿尔巴尼亚族自治权。2019年1月，北马其顿议会修宪，主要内容为将国名“马其顿共和国”更改为“北马其顿共和国”。[1]

（二）议会

国民议会为北马其顿公民代议机构，行使国家立法权，实行一院制，由单一选区加比例代表制选举产生。全国分为6个选区，每个选区直选部分议员，同时根据各党得票比例对议席进行分配。议会还为北马其顿籍海外侨民预留3个议席。国民议会共有120名议员，任期4年。议会主要负责通过和修订宪法，通过法律并做出解释，确定国家税收，通过国家预算和决算，批准国际协议，选举政府内阁，选举宪法法院法官，以及推选和任免法律规定的公共部门和其他机构的负责人。[2]

[1] 中华人民共和国外交部．北马其顿国家概况[EB/OL]. [2020-09-20]. https://www.fmprc.gov.cn/web/gjhdq_676201/gj_676203/oz_678770/1206_679474/1206x0_679476/.

[2] 陈华．马其顿[M]．大连：大连海事大学出版社，2018：23.

（三）政府

北马其顿中央政府为国家权力执行机构。政府由总理和各部部长组成。政府主要成员包括总理，副总理，国防部部长，外交部部长，内务部部长，财政部部长，卫生部部长，司法部部长，交通和基础设施部部长，经济部部长，农业、林业和水利部部长，信息社会和公共管理部部长，教育和科学部部长，地方自治部部长，文化部部长，负责通信、政府问责及提升透明度的不管部长[1]，负责侨务的不管部长，负责落实改善罗姆人处境方案的不管部长，负责外国投资事务的不管部长，以及负责制定改善国内企业投资环境相关法规的负责人。

北马其顿实行地方政府自治。市政厅为地方自治单位。地方财政来源于中央资助和地方依法所得收入。地方政府的自治行为受《地方自治政府法》管理和规范。北马其顿公民可以直接或通过议员间接参与地方相关问题的决策，包括城市规划、社区活动、社会保障和儿童保育、学前教育、基础教育及基本卫生保健等。市政厅在宪法和法律确定的职权范围内享有自治权，中央政府对地方自治工作的合法性进行监督。[2]

（四）司法

北马其顿设宪法法院、普通法院和检察院。宪法法院负责维护国家宪法的权威，由 9 名法官组成。法官由国民议会选举产生，任期 9 年，不能连任。宪法法院院长从法官中选举产生，任期 3 年，不能连任。[3] 普通法院包

[1] 不管部长是内阁制国家中不负责某具体行政部门的内阁成员，但会出席内阁会议，参与政府决策，并负责处理政府首脑交办的专门事务。其职务与我国的国务委员类似（但行政级别不同）。设有过不管部长的国家包括英国、以色列、印度等。

[2] 资料来源于欧盟委员会 Eurydice 数据库。

[3] 陈华．马其顿 [M]．大连：大连海事大学出版社，2018：24.

括 27 个基层法院（负责一审判决）、3 个上诉法院（位于斯科普里、比托拉和斯蒂普）以及 1 个最高法院（负责终审判决）。另外，还设有经济法院和军事法院负责专门案件的审判。

在北马其顿，具有法律专业本科以上学历、法律相关行业工作经验，并通过律师资格考试的公民在北马其顿律师协会注册后就可以担任律师。但如果想担任法官或检察官，则在上述要求的基础上，还应该在北马其顿法官和检察官学院接受专业培训、掌握一门以上的外语技能，并通过北马其顿国家司法委员会或北马其顿国家检察官委员会的公开选拔考试。[1]

（五）政党

北马其顿注册政党超过 80 个，目前在议会中拥有席位的政党有社会民主联盟党（拥有 46 个议席）、内部革命组织竞选联盟党（拥有 44 个议席）、阿尔巴尼亚族融合民主联盟党（拥有 15 个议席）、阿尔巴尼亚族人联盟党（拥有 12 个议席）、左翼党（拥有 2 个议席）和阿尔巴尼亚族民主党（拥有 1 个议席）。[2] 议会多数党的党首通常出任北马其顿政府总理。

社会民主联盟党前身为马其顿共产主义者联盟党，1989 年改称马其顿共盟–民主改革党，1993 年改为现名。全党党员约 6 万人。对内主张建立民主的北马其顿国家和遵循市场经济规律的新经济体制，对外执行和平外交政策，致力于加入欧盟和北约，同邻国发展等距离的睦邻友好关系。北马其顿独立后，该党曾长期执政。2017 年 5 月 31 日再次执政。

内部革命组织竞选联盟党于 1990 年 6 月成立，约有党员 11 万人。主张维护北马其顿国家独立、主权和领土完整，保障少数民族权利，反对国家

[1] КОЦЕВСКИ Г. Пристапот до правничките професии за младите правници: од диплома на Правен факултет до кариера во судството и адвокатура[M]. Скопје: Македонско Здружение на Млади Правници, 2014: 7-8.

[2] 数据统计截至 2020 年 9 月。

分裂，通过实行市场经济将北马其顿建成富裕的国家，同邻国发展睦邻友好关系，争取加入欧盟和北约。

阿尔巴尼亚族融合民主联盟党于2002年6月成立，主张北马其顿所有公民一律平等，保证阿尔巴尼亚族人参加政治生活，以彻底改变北马其顿阿尔巴尼亚族人的地位。

阿尔巴尼亚族人联盟党主张全面落实《奥赫里德框架协议》，主张阿尔巴尼亚族与马其顿族拥有平等的权利。

根据北马其顿《政党法》规定，超过1 000名拥有投票权的公民可以依法申请成立政党，任何北马其顿成年公民均可自愿加入政党。政党可以自由、独立地开展政治活动，制定组织结构、党内选举办法等。根据《政党资助法》的规定，北马其顿注册政党的财政来源主要包括国家资助、私人资助和募捐。其中，国家每年安排不超过本年公共预算总额0.06%的资金作为政党活动资助款，该款项的30%将平均分配给所有在最近一次议会选举中得票超过1%的政党，其余70%则按照各个政党在议会中议席所占比例进行分配。

四、军事与外交

1992年3月28日，北马其顿创建军队。总统为武装力量最高统帅。国防政策以维护国家的独立主权和领土完整为主要任务，积极寻求加入北约。北马其顿国内民族关系复杂，曾于2001年爆发安全危机。根据欧盟与北马其顿的协议，欧盟于2003年3月向北马其顿派驻了一只由欧盟成员国联合组成的军事维和部队，部队规模为300—400人。2003年12月，一只由200人组成的欧盟警察部队取代军事维和部队进驻北马其顿，帮助北马其顿维护社会治安，并开展警察培训等工作。

北马其顿也经常主动参与北约军事演习，如“坚定爵士 2013”军事演习和“蟒蛇 2016”军事演习。2019 年 2 月，北约成员代表在布鲁塞尔签署接纳北马其顿加入北约的议定书；同年 3 月，北马其顿获准加入北约，成为北约第 30 个正式成员。

北马其顿实行职业军人兵役制，职业军人每 3 年签一次合同。现役军人 8 133 名（满编）。因国家处于内陆，北马其顿没有正规的海军编制。2019 年，北马其顿国防预算总额为 1.35 亿欧元[1]，约占当年国内生产总值的 1.18%，与北约各成员国相比处在较低水平。

北马其顿与周边国家的关系及其国际地位问题复杂。1991 年 11 月，北马其顿宣布从南斯拉夫独立，成立“马其顿共和国”。保加利亚随即承认“马其顿共和国”，但不承认“马其顿民族”和“马其顿语”。希腊则既不承认“马其顿民族”，也不承认以“马其顿共和国”命名的这一新独立国家。由于希腊的坚决反对，在联合国的调解下，北马其顿于 1993 年 4 月 7 日以“前南斯拉夫马其顿共和国”的名义加入联合国。后于 1995 年 11 月被接纳为欧洲委员会成员。同年 11 月 15 日，北马其顿与北约签署了建立“和平伙伴关系”的协议文件，成为北约第 27 个“和平伙伴”。2003 年，北马其顿加入世界贸易组织。2018 年 6 月 12 日，北马其顿总理扎埃夫与希腊总理齐普拉斯宣布达成协议，北马其顿承诺将该国国名由“马其顿共和国”更名为“北马其顿共和国”。此举为北马其顿加入北约铺平了道路。2019 年 2 月 12 日，北马其顿政府宣布正式更改国名为“北马其顿共和国”。北马其顿一直致力于加入欧盟，但 2019 年 10 月 19 日，北马其顿总理扎埃夫表示，欧盟拒绝与北马其顿启动入盟谈判，其加入欧盟的进程遭遇挫折。

北马其顿与中国于 1993 年 10 月 12 日建立大使级外交关系。2002 年 4 月 25—30 日，应中国国家主席江泽民的邀请，北马其顿总统特拉伊科夫斯

[1] 中国新闻网．北马其顿国家概况 [EB/OL].（2020-04）[2020-09-21]. http://www.chinanews.com/gj/zlk/2014/01-16/367.shtml.

基对中国进行了国事访问，并与江泽民主席共同签署了《中华人民共和国和马其顿共和国关于巩固和促进友好合作关系的联合声明》。这标志着中国与北马其顿的友好关系在历经风雨后再次迎来了新的曙光。

近年来，在中国－中东欧“17+1”和“一带一路”倡议合作框架下，北马其顿与中国开展了海关、文化、经贸等多领域多层次的双边和多边合作。2018 年 3 月，中国－中东欧国家文化合作协调中心在北马其顿首都斯科普里举行揭幕仪式，北马其顿文化部部长阿拉乔佐夫斯基、中国驻北马其顿大使殷立贤出席仪式并致辞。依托中国－中东欧国家文化合作协调中心，第四届中国－中东欧国家文化合作部长论坛于 2019 年 11 月 25—26 日在北马其顿首都斯科普里举行。与会各国代表一致表示将落实好论坛达成的各项成果，积极发挥斯科普里“17+1”文化合作协调中心的平台作用，推动“17+1”文化交流与合作不断创新发展。论坛通过了《中国－中东欧国家文化合作斯科普里宣言》和《中国－中东欧国家 2020—2021 年文化合作计划》。[1]

第三节 社会生活

一、人口、民族和语言

北马其顿 2002 年开展的人口普查结果显示，北马其顿的人口总数为 2 022 547 人。根据北马其顿国家统计局的数据，截至 2019 年年底，北马其顿人口总数为 2 076 255 人，较 2002 年增长约 2.7%。[2] 北马其顿平均人口密

[1] 中国政府网．第四届中国－中东欧国家文化合作部长论坛在北马其顿举行 [EB/OL]. (2019-11-26)[2021-07-05]. http://www.gov.cn/xinwen/2019-11/26/content_5455942.htm.

[2] 资料来源于北马其顿国家统计局官网。

度约为每平方千米 80 人，但人口分布不均。人口密度由西北向东南方向递减，全国近三分之一的人口居住在 7% 的国土面积上。2005—2015 年，35% 的国内流动人口由其他地区流入首都斯科普里及周边区域。除人口分布不均衡外，北马其顿还面临人口老龄化问题，每年新生儿数量持续下降，如 1994 年新生儿为 33 487 人，2018 年降至 21 333 人。北马其顿 0—14 岁人口约占总人口的 17.1%，65 岁以上老年人口约占总人口的 11.9%。[1] 和许多东欧国家相似，由于经济发展相对落后，北马其顿还面临着年轻人口大量移民国外的问题。在预期寿命方面，北马其顿居民平均预期寿命为 74.73 岁，其中男性平均预期寿命 72.45 岁，女性 77.2 岁。[2]

北马其顿是多民族国家，其中马其顿人约占 64.18%，阿尔巴尼亚人约占 25.17%，土耳其人约占 3.85%，罗姆人约占 2.66%，弗拉赫人约占 0.47%，塞族人约占 1.78%，波斯尼亚人约占 0.84%，其他族裔占 1.04%。[3]

北马其顿的官方语言为马其顿语和阿尔巴尼亚语。马其顿语和基里尔（又译西里尔）字母是北马其顿的第一官方语言和文字，是国内最主要的语言和文字，也是作为国家在对外交往中使用的语言和文字。阿尔巴尼亚语及其文字是北马其顿第二官方语言和文字，超过 20% 的北马其顿公民以阿尔巴尼亚语为母语。北马其顿的少数民族语言包括土耳其语、罗姆语（吉卜赛语）、亚美尼亚语、塞尔维亚语和波斯尼亚语 [4]。北马其顿使用的手语为马其顿手语，有超过 6 000 人观看手语电视新闻。

北马其顿宪法保障少数族裔在教育和政治参与中使用本民族语言的权利。在高等教育阶段，大学主要用马其顿语授课，也有部分大学提供用阿

[1] 资料来源于欧盟委员会 Eurydice 数据库。

[2] 资料来源于欧盟委员会 Eurydice 数据库。

[3] Државен Завод за Статистика. Попис на населението, домаќинствата и становите, 2002[R]. 2005: 34. 因存在四舍五入，故最终总和不为 100%。

[4] 波斯尼亚语是波黑的官方语言，与塞尔维亚语和克罗地亚语非常接近。因政治和民族因素，该语言在不同国家有不同的名称和发音标准，但语言使用者之间仍然可以无障碍地沟通交流。

尔巴尼亚语授课的课程。根据规定，大学在本科和硕士课程中可以根据课程需要使用外语授课。随着北马其顿高等教育机构国际化程度的提升，越来越多的学位课程开始使用外语（主要为英语）作为授课和工作语言。

二、宗教信仰

北马其顿公民拥有宗教信仰的自由。根据 2010 年的统计数据显示，北马其顿居民大多信奉东正教（马其顿东正教会），教徒约 1 300 000 人，占总人口的 61.6%。北马其顿第二大宗教为伊斯兰教，教徒约 771 672 人，占总人口的 36.6%。此外，天主教徒（斯科普里罗马天主教教区和马其顿希腊天主教会）约 8 229 人，占总人口的 0.4%。还有约 28 801 人信奉其他宗教，占总人口的 1.4%。[1]

东正教最早于西罗马帝国和拜占庭帝国（即东罗马帝国）统治时期传入今北马其顿所在地区。然而，由于历史上的马其顿地区和整个巴尔干地区复杂的政治环境，直到 1967 年，马其顿东正教教区才得到承认并正式建立了马其顿东正教会（今北马其顿东正教会）。北马其顿东正教会在海外马其顿族人社区中也有一定的影响力，其第一个海外教区建在澳大利亚的墨尔本。信仰东正教的马其顿族人民遵循基本的东正教习俗，许多人会佩戴十字架项链；在传统马其顿族家庭中，人们也会在孩子出生时为其举行受洗仪式。

伊斯兰教在奥斯曼帝国统治时期传入今北马其顿所在地区。在如今的北马其顿社会，信仰伊斯兰教的主要是阿尔巴尼亚族人。北马其顿的伊斯兰教徒传统上主要属于逊尼派中的哈乃斐学派，但也有少量的苏菲派。北马其顿的穆斯林主要受到土耳其宗教习俗的影响，遵循现代的伊斯兰教规。

[1] 资料来源于大英百科全书官网。

三、货币与经济

北马其顿的官方货币为第纳尔。1992年4月，北马其顿发行第一代第纳尔，用以取代此前使用的前南斯拉夫第纳尔。1993年，北马其顿实行货币改革，发行第二代第纳尔并使用至今。北马其顿第纳尔先后与德国马克和欧元挂钩。目前发行的第纳尔纸币面值共分为10元、50元、100元、200元、500元、1 000元和2 000元7种币值，硬币包括1元、2元、5元、10元和50元5种币值。2020年9月，欧元与北马其顿第纳尔的汇率约为1∶61.7。

1993年5月，北马其顿开放外汇市场。截至2017年，北马其顿国内货币兑换已经完全自由。北马其顿第纳尔目前暂时不能与人民币进行直接结算。

北马其顿自1991年11月20日独立以来，国内经济发展先后因前南斯拉夫危机和国内安全形势恶化的影响受到重创。2001年以后的各届政府均致力于恢复和发展国内经济。近年来，随着与欧盟和世界各国关系的发展以及国内各项改革措施的推进，北马其顿经济有所恢复。2019年，北马其顿国内生产总值126.9亿美元，人均国内生产总值6 112美元，国内生产总值增长率为3.6%，通货膨胀率为1.5%。[1] 截至2019年第三季度，北马其顿就业人口总数为799 546人，失业人口总数为164 702人，就业率为47.4%，失业率为17.1%，失业率达到国家自独立以来的历史最低水平，平均月净工资约为514美元。[2] 目前，北马其顿主要的产业包括食品和饮料加工业、纺织业、化工业、冶金业、能源业、制药业和汽车零部件生产加工业等。

---

[1] 中华人民共和国外交部. 北马其顿国家概况 [EB/OL]. [2020-09-20]. https://www.fmprc.gov.cn/web/gjhdq_676201/gj_676203/oz_678770/1206_679474/1206x0_679476/.

[2] 资料来源于北马其顿国家统计局官网。

四、农业与工业

北马其顿南部地区属于地中海气候，每年平均有 200—240 个晴天，适合各类农作物的生长。北马其顿国家统计局 2007 年的农业普查数据显示，北马其顿已开垦耕地面积为 334 226 公顷，灌溉面积 79 637.94 公顷。[1] 北马其顿近六分之一的劳动力从事农业生产活动，每年 10% 左右的经济增长来自农业生产。[2]

北马其顿主要种植的作物有烟草、棉花、向日葵、小麦、玉米、水稻、各类蔬菜和水果等。北马其顿烟叶种植面积 1.5 万—2.2 万公顷，年产烟叶 2 万—2.5 万吨。蔬菜种植面积 6.1 万—6.3 万公顷，年产蔬菜 72 万吨。主要种植的蔬菜有番茄（年产约 13 万吨）、辣椒（年产约 12 万吨）、洋葱（年产约 6 万吨）和黄瓜（年产约 5 万吨）。小麦年产约 30 万吨，玉米年产约 14 万吨，水稻年产约 1.5 万吨。[3] 北马其顿盛产葡萄，葡萄产量占其所有水果产量的 65%。葡萄种植面积 24 584.43 公顷 [4]，年产量超过 30 万吨 [5]。除葡萄外，北马其顿还出产苹果、梅子、桃、杏、樱桃、梨等水果。

北马其顿主要的家畜有猪、牛、山羊、绵羊、马和各类家禽等。2018 年，北马其顿肉类制品总产量达 22 255 吨，奶制品产量达 463 635 000 升。[6]

2019 年，工业产值约占北马其顿国内生产总值的 21.22%。[7] 北马其顿主要工业部门有矿石开采、冶金、化工、电力、木材加工、食品加工等。由于北马其顿富藏镍、铅和锌等矿产资源，冶金业一直是该国主要的工业产

[1] 资料来源于北马其顿国家统计局官网。

[2] 资料来源于大英百科全书官网。

[3] 陈华. 马其顿 [M]. 大连：大连海事大学出版社，2018：55.

[4] 资料来源于北马其顿国家统计局官网。

[5] 陈华. 马其顿 [M]. 大连：大连海事大学出版社，2018：56.

[6] 资料来源于北马其顿国家统计局官网。

[7] 中华人民共和国外交部. 北马其顿国家概况 [EB/OL]. [2020-09-20]. https://www.fmprc.gov.cn/web/gjhdq_676201/gj_676203/oz_678770/1206_679474/1206x0_679476/.

业，产品以出口为主，包括冷轧和热轧钢板、铝棒、焊接管、铁合金、镍制品、铅、锌、铜、黄金、白银等。铜年产量约450万吨，钢铁年产量约19万吨，锌年产量约6万吨，铅年产量约5.6万吨，镍铁年产量约7万吨。[1] 除冶金业外，北马其顿的工业产业还包括汽车、电气设备、家用电器、化工产品以及纺织和皮革等轻工业。

2019年，北马其顿出口的工业产品包括化工催化剂、离心机、绝缘线、汽车零部件、大巴车、铁合金、热轧钢等。主要出口目的地国家包括德国、塞尔维亚、保加利亚、捷克和比利时。

五、金融与贸易

北马其顿国家银行是北马其顿中央银行，负责发行货币和发放银行牌照，并监督由银行（其中一部分只能开展国内业务）和“储蓄所”组成的北马其顿银行系统。北马其顿的商业银行多为外资或外资控股，如保加利亚中央合作银行、土耳其人民银行、ProCredit银行，以及在“一带一路”倡议下设立的丝路国际银行等。2018年，北马其顿外债为84亿美元；2019年年底，北马其顿外汇储备为32.6亿欧元。[2]

2019年，北马其顿对外贸易总额为166.58亿美元，同比增长4.4%。其中，出口71.88亿美元，同比增长4.0%；进口94.70亿美元，同比增长4.6%。[3] 近年来，北马其顿的主要贸易伙伴为德国、英国、希腊、塞尔维亚、意大利、保加

[1] 陈华．马其顿 [M]．大连：大连海事大学出版社，2018：59.

[2] 中国领事服务网．北马其顿 [EB/OL]. [2021-07-06]. http://cs.mfa.gov.cn/zggmcg/ljmdd/oz_652287/mqd_654087/.

[3] 中华人民共和国外交部．北马其顿国家概况 [EB/OL]. [2020-09-20]. https://www.fmprc.gov.cn/web/gjhdq_676201/gj_676203/oz_678770/1206_679474/1206x0_679476/.

利亚、中国等。[1] 北马其顿的主要进口产品为电力、原油、金属、机动车、食品、饮料、纺织品、化工产品。主要出口产品为钢铁（尤其是镍铁和轧制产品）、服装、石油产品、水果、蔬菜、金属矿石、葡萄酒、烟草和卷烟、化工产品等。[2] 图 1.1 为 2016 年北马其顿主要进口来源国家和占比统计图。[3]

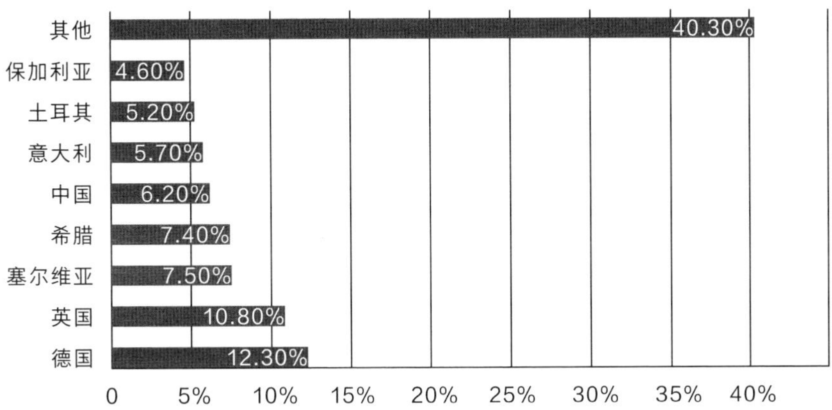

图 1.1 2016 年北马其顿主要进口来源国家及其占比

六、旅游与交通

旅游业是北马其顿重要的第三产业。2019 年，北马其顿旅游业直接从业人员 2 万人，带动就业 10 万人。2019 年，游客总人次 1 184 963，其中国内游客 427 370 人次，国外游客 757 593 人次。[4]

[1] 中华人民共和国外交部．北马其顿国家概况 [EB/OL]. [2020-09-20]. https://www.fmprc.gov.cn/web/gjhdq_676201/gj_676203/oz_678770/1206_679474/1206x0_679476/.

[2] 中华人民共和国驻北马其顿共和国大使馆．国家概况 [EB/OL]. [2020-09-21]. http://mk.china-embassy.org/chn/bmqdgk3/t333662.htm.

[3] 资料来源于大英百科全书官网。

[4] 中华人民共和国外交部．北马其顿国家概况 [EB/OL]. [2020-09-20]. https://www.fmprc.gov.cn/web/gjhdq_676201/gj_676203/oz_678770/1206_679474/1206x0_679476/.

北马其顿有 1 000 余个教堂和修道院，4 200 余处考古遗址。主要旅游设施有旅店、浴场、家庭旅馆、汽车宿营地等。主要旅游区是奥赫里德湖、斯特鲁加、多伊兰湖、莱森、马弗洛沃山和普雷斯帕湖等地。

北马其顿地处泛欧洲 8 号走廊和 10 号走廊的交汇处，贯通亚得里亚海、爱琴海和黑海，公路网络比较发达，有多段高速公路。2018 年公路总长 14 559 千米。2019 年公路客运量 647.1 万人次，货运量 6 939.5 万吨。[1]

北马其顿的城市公共交通以公交车和出租车为主。以首都斯科普里为例，日间公交车的单程车费为 35 第纳尔（公交卡支付，约合人民币 4.35 元）或 40 第纳尔（移动支付，约合人民币 4.97 元）；夜间公交车的单程车费为 40 第纳尔（公交卡支付）或 50 第纳尔（移动支付，约合人民币 6.21 元）。出租车的起步价为 40 第纳尔，每千米额外加收 20 第纳尔。

北马其顿铁路发展相对落后。2018 年，国内铁路总长 907 千米。2019 年，铁路客运量 54.9 万人次，货运量 184.0 万吨。[2] 除国内铁路外，最主要的国际铁路干线由贝尔格莱德经首都斯科普里通往希腊的塞萨洛尼基港，客运列车运行速度仅每小时 60—70 千米。[3]

北马其顿共有两个国际机场，分别位于首都斯科普里和西南部旅游城市奥赫里德。2019 年航空客运量 266.7 万人次。[4] 目前，北马其顿和中国暂时没有直达航线。

---

[1] 中华人民共和国外交部．北马其顿国家概况 [EB/OL]. [2020-09-20]. https://www.fmprc.gov.cn/web/gjhdq_676201/gj_676203/oz_678770/1206_679474/1206x0_679476/.

[2] 中华人民共和国外交部．北马其顿国家概况 [EB/OL]. [2020-09-20]. https://www.fmprc.gov.cn/web/gjhdq_676201/gj_676203/oz_678770/1206_679474/1206x0_679476/.

[3] 陈华．马其顿 [M]．大连：大连海事大学出版社，2018：63.

[4] 中华人民共和国外交部．北马其顿国家概况 [EB/OL]. [2020-09-20]. https://www.fmprc.gov.cn/web/gjhdq_676201/gj_676203/oz_678770/1206_679474/1206x0_679476/.

七、医疗卫生

北马其顿实施强制性的国家资助医疗保健系统，通过建立健康保险基金和医疗保健系统，为全民提供基本医疗保障。健康保险基金由个人和雇主支付的保险费及国家资助的资金组成。社会福利基金为低收入人群支付健康保险费，国家为 18 岁以下的未成年人、27 岁以下的学生、65 岁以上的老人、孕妇以及慢性病确诊患者支付健康保险费。[1] 此外，北马其顿还有私人健康保险和私人保健服务。

北马其顿卫生部在 21 世纪初确定了其医疗卫生系统的首要任务是提早发现和治疗乳腺癌、推广强制性免疫、鼓励献血、预防结核和布鲁氏菌病，以及预防和治疗艾滋病。[2]

八、新闻出版

2019 年，北马其顿出版报纸 20 种，总发行量 947.7 万份。主要报纸有《新马其顿报》《日报》《晚报》《信使报》等。出版刊物有《论坛》《东方》《马其顿太阳》《马其顿体育》等 7 种，总发行量为 72 万册。

《新马其顿报》是北马其顿历史最为悠久的日报，也是第一份马其顿语报纸。该报纸在 1944 年 9 月举行的马其顿反法西斯民族解放大会第三次会议上正式决定创办。马其顿共产党中央宣传部和总参谋部成立专门委员会，负责编辑和出版《新马其顿报》。1944 年 10 月 29 日，《新马其顿报》第一期出版。在北马其顿独立后，由于私有化改革失败，《新马其顿报》在 1994—1996 年一度停刊，后在《西德意志汇报》集团的投资下恢复运营。2012 年，

[1] 陈华. 马其顿 [M]. 大连：大连海事大学出版社，2018：40.

[2] 资料来源于大英百科全书官网。

该集团将《新马其顿报》出售给了北马其顿本地的投资者。

北马其顿有公共电视台 52 家，其中中央台 13 家、地方台 39 家。中央台用马其顿语、阿尔巴尼亚语等 7 种语言播放。全国共有 61 个广播电台，其中国家电台 3 个、地方电台 58 个。国家电台用马其顿语、阿尔巴尼亚语、土耳其语、罗姆语（吉卜赛语）、弗拉西语、塞尔维亚语、保加利亚语和希腊语广播。[1]

北马其顿的主要新闻通讯社有国家新闻社、马其顿新闻社和马其顿新闻中心。国家新闻社于 1992 年由北马其顿议会通过决议设立，1998 年正式开始运作，1998 年 9 月 30 日发出第一条新闻。目前，国家新闻社全天 24 小时使用马其顿语、英语和阿尔巴尼亚语向全世界播报新闻，并为北马其顿国内新闻媒体和北马其顿驻外使领馆等机构提供新闻资讯。北马其顿国家新闻社与法国新闻社、中国新华社、俄罗斯塔斯社和德国新闻社等国际新闻通讯社均有合作关系。

九、体育运动

北马其顿的现代体育运动发展缓慢。第二次世界大战后，足球、篮球和排球成为北马其顿较为流行的体育项目。北马其顿大型工业集团乐于资助球赛并成立自己的球队。20 世纪末 21 世纪初，网球运动在北马其顿的大城市中开始普及。1996 年，北马其顿首次以独立国家的身份参加了在美国亚特兰大举办的奥运会。

由于北马其顿多面环山，有丰富的雪上运动和高山运动资源，滑雪、登山、狩猎等运动在北马其顿非常流行。此外，国际象棋也是深受北马其顿人喜爱的运动项目。

[1] 中华人民共和国外交部．北马其顿国家概况 [EB/OL]. [2020-09-20]. https://www.fmprc.gov.cn/web/gjhdq_676201/gj_676203/oz_678770/1206_679474/1206x0_679476/.

第二章　文化传统

第一节　历史沿革

北马其顿作为一个现代共和国，独立至今仅有 30 年的历史，但是作为继承了古代欧洲马其顿王国国名及部分领土的民族国家，这片土地上的人类活动历史和文明可以追溯至公元前 7000 年。在这一节中，我们将从远古时代就定居于此的居民开始，回顾北马其顿土地上的历史文化变迁以及北马其顿民族和国家的产生。

一、古代时期

大量的考古证据已经证明，早在公元前 7000 年至公元前 3500 年就已经有人类聚居点出现在现今北马其顿的土地上。当时在这片土地上的居民多为使用印欧语系语言的半游牧民族。到了公元前 1000 年左右的时候，大量的达西亚人、色雷斯人、伊利里亚人和希腊人定居在了今天北马其顿的土地上。著名的马其顿王国（公元前 808 年—公元前 168 年）就在此基础上逐渐兴起。公元前 4 世纪，马其顿王国在腓力二世和他儿子亚历山大大帝的统治下不断向外扩张，统一了希腊并吞并埃及和波斯帝国，疆域直达印度河流域，辉煌一时。

这一时期的马其顿王国在历史上也被称为亚历山大帝国（公元前 336 年—公元前 323 年）。著名的军事阵列马其顿方阵就是在腓力二世和亚历山大大帝时期发展到了顶峰，通过对骑兵和轻步兵的灵活排列，使不同兵种在方阵中联合作战，是当时战术上的一种创新。马其顿方阵在亚历山大大帝东征时发挥了巨大的威力，也代表了马其顿王国在古代时期发达的军事文明和作战文化。

尽管辉煌的马其顿王国是今天北马其顿人民历史身份认同的重要来源，但事实上，古代马其顿地区[1]的政治文化长期处于相对落后的状态，王国内部散落着众多的城邦国家或部族，统一的王权国家只是古代马其顿地区历史长河中的短暂片刻。公元前 168 年，马其顿王国本土被罗马共和国（公元前 509 年—公元前 27 年）吞并。公元前 146 年，希腊全境被罗马占领，至此，古代马其顿王国彻底瓦解。马其顿地区成为罗马共和国以及后来的西罗马帝国（公元前 27 年—公元 395 年）和东罗马帝国（公元 395 年—公元 1453 年）的一部分。在此期间，马其顿地区的民族构成变得更加多元化。公元 3 世纪，居住在马其顿地区和整个巴尔干半岛的哥特人、匈奴人、保加尔人、阿瓦尔人及其他半游牧民族开始反抗罗马帝国的统治。尽管这片土地名义上仍然被东罗马帝国统治，但事实上君士坦丁堡对马其顿地区的控制已经不再牢固。到了 6 世纪中期，斯拉夫部落开始定居在马其顿地区。如今占北马其顿人口超过四分之三的主要民族——斯拉夫民族[2]的祖先也正是从这一时期开始在北马其顿的土地上不断繁衍生息，发展至今。

二、中世纪时期

中世纪时期是马其顿地区文化发展的重要时期。公元 9 世纪，遵循东

[1] 历史上的马其顿地区泛指欧洲巴尔干半岛东南部的一片区域，大致包括如今北马其顿的全部区域、希腊北部地区以及保加利亚西南部地区。

[2] 斯拉夫民族或斯拉夫人是与日耳曼人、凯尔特人同一层级的欧洲主要人种的划分，斯拉夫人包括马其顿人、塞尔维亚人、保加利亚人等。

方传统的基督教（即后来的东正教）传入马其顿地区，并成为斯拉夫民族的主要宗教信仰。在基督教的传播过程中，基里尔和麦托迪兄弟将希腊语字母系统转写并发明了符合斯拉夫语发音规则的格拉哥里字母系统（见图2.1）。作为最古老的斯拉夫文字体系，格拉哥里字母也被认为是如今斯拉夫国家普遍使用的基里尔字母的起源。斯拉夫文字系统的产生极大地促进了基督教在斯拉夫地区的传播。更多的普通人可以用自己的母语读懂原本必须用希腊语才能阅读的宗教书籍，这使得东正教在马其顿地区得到了广泛的接受，成为最主要的宗教信仰。

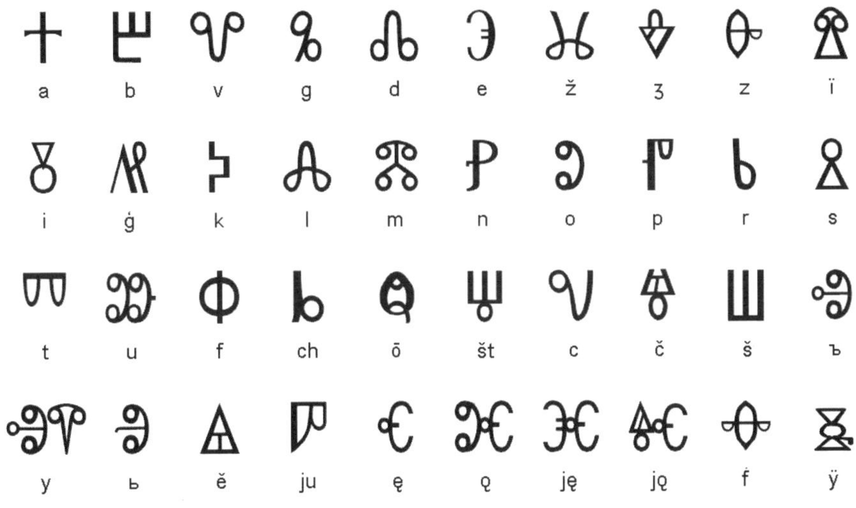

图 2.1 格拉哥里字母系统

三、奥斯曼帝国时期

马其顿地区自 14 世纪开始被奥斯曼帝国吞并，直到 1913 年才得以独立。在奥斯曼帝国超过 500 年的统治中，马其顿地区处于历史上较为稳定的时期。在这一时期，马其顿地区的日常生活和文化习俗（如饮食、语言等）

均受到了土耳其人和土耳其文化的影响。在奥斯曼帝国的统治下，许多与马其顿地区没有任何民族或领土联系的土耳其移民来到了这里。直到 19 世纪，当马其顿周边的塞尔维亚、希腊和保加利亚等国家开始民族解放运动时，马其顿地区的统治者依然与土耳其有着紧密的联系。

四、独立运动时期

进入 19 世纪以后，奥斯曼帝国开始衰落，马其顿地区周边的塞尔维亚、希腊和保加利亚等国家逐渐摆脱了奥斯曼帝国的统治，获得民族解放和国家独立。但随之而来的却是这些独立国家开始觊觎马其顿地区的领土和利益，它们在马其顿地区开设学校、教堂，希望通过这样的方式从语言和民族身份认同上对马其顿地区的居民施加影响。在多方政治角力的背景下，马其顿地区的民族解放运动也应运而生。1893 年，“内部马其顿革命组织”在奥赫里德附近建立。“内部马其顿革命组织”主张“马其顿人的马其顿”，于 1903 年 8 月 2 日在克鲁舍沃发动反抗土耳其统治的起义并宣布马其顿国家独立，这一天也就是著名的依林登起义纪念日。“内部马其顿革命组织”领导人之一的戈采·德尔切夫后来被北马其顿人民认为是马其顿民族的解放英雄。如今，北马其顿的斯蒂普戈采·德尔切夫大学（以下简称戈采·德尔切夫大学）就以其名字命名。

在第一次世界大战期间，北马其顿的领土曾被保加利亚、塞尔维亚和希腊瓜分，历史上分别称为保加利亚马其顿（皮林马其顿）、南斯拉夫马其顿（瓦尔达尔马其顿）和希腊马其顿（爱琴马其顿）。由于三国对瓜分马其顿领土的方案无法达成一致，最终导致第二次巴尔干战争爆发。战争结束后，北马其顿的领土被希腊和塞尔维亚重新分割。其中，塞尔维亚所得的部分领土（瓦尔达尔马其顿）就是如今北马其顿共和国的实际领土。瓦尔达尔马其顿在第一次世界大战后并入了南斯拉夫王国。第二次世界大战中，由于保加利亚加入了以德国为主导的轴心国阵营，在德国攻占南斯拉夫和希腊后，北马其顿领土的大部分地区被划归保加利亚所有。但在二战结束后，各国边境又恢复到了二战以前的情势。1945 年，南斯拉夫从德国占领下解放，宣布成立共产主义的南斯拉夫联邦人民共和国。1946 年，南斯拉夫总统铁托将瓦尔达尔马其顿地区与塞尔维亚分开，独立为南斯拉夫六个加盟共和国之一的马其顿社会主义共和国，即如今北马其顿共和国的前身。

北马其顿国家在与外民族交流融合以及周边政治力量反复角力的过程中逐步发展至今，这样的历史沿革决定了北马其顿文化的复杂性和多重来源性。在法餐中有一种由多种蔬菜混合制作而成的沙拉被叫作“马其顿式”沙拉，这个名字恰恰就是源于“马其顿”所代表的多元融合特性。这样的特性对北马其顿人民如今的服装、饮食、节日、风俗等方面都产生了深远的影响。在下一节中，我们将对北马其顿丰富多样的风土人情进行介绍。

第二节 风土人情

一、服饰与饮食

北马其顿人特别注意衣服的设计和装饰，马其顿民族的服饰保留了传统文化的特征，并在发展过程中吸收了巴尔干文化、斯拉夫文化以及东方文化的元素。北马其顿不同的地区有不同的民俗服饰，全国有超过 70 种服装样式。服装上的装饰性刺绣形式多样，技术复杂且色彩丰富，为马其顿民族服装赋予了特殊的表现力。马其顿人尤其注重女性服装，女性礼服尤其具有艺术性。

北马其顿的饮食以巴尔干地区和地中海地区的饮食特色为基础。由于曾经受到奥斯曼帝国长时间的统治，北马其顿饮食也受到了土耳其饮食的影响。北马其顿相对温和的气候为各种蔬菜水果的生长提供了有利的条件，因而北马其顿的饮食也十分多样化。北马其顿常见的美食有酸奶黄瓜汤、果仁蜜饼、红辣椒酱、塔维斯格拉维斯、保加利亚沙拉（由黄瓜、番茄、洋葱和白奶酪制成）、帕斯特玛利亚和罐焖肉（由猪肉和蘑菇等食材制成）等巴尔干美食，还有来自土耳其的烤牛羊肉串和土耳其脆饼（以奶酪、肉或菠菜为内馅的酥饼）等美食。此外，北马其顿还有红酒、果子酒等饮料和丰富的奶制品。

塔维斯格拉维斯是一道传统的马其顿菜肴，主要原料是新鲜的豆类、洋葱、油、干红辣椒、胡椒、盐和香菜。塔维斯格拉维斯由浸泡好的白芸豆和配料放在一种名为塔瓦的传统陶罐之中烤制而成。这道菜的历史可以追溯到 15 世纪。那时候，大多数马其顿族人都是东正教徒，由于东正教教徒在周五不能吃肉食，塔维斯格拉维斯故而成为马其顿人餐桌上美味又营养的一道代替肉食的素食。如今，依然有很多北马其顿家庭选择在周五享用塔维斯格拉维斯。这道菜几乎可以在所有的北马其顿餐馆中找到，被誉为北马其顿的国菜。

酸奶黄瓜汤在北马其顿、东南欧其他各国和土耳其都十分流行。人们通常认为酸奶黄瓜汤起源于保加利亚。它由酸奶、黄瓜、大蒜、核桃、莳萝、植物油和水制成，可冷藏或加冰食用，经常在夏季作为解暑饮品。在正餐中，酸奶黄瓜汤可以作为前菜开胃，也可以和保加利亚沙拉一起，作为其他菜品的配菜。

红辣椒酱在北马其顿是一种常见的家庭调味品，主要由红辣椒和植物油制成。在第二次世界大战后，红辣椒酱风靡整个南斯拉夫，现在在东南欧国家也依然很受欢迎。红辣椒酱通常使用烤熟或煮熟的辣椒制作。根据辣椒的品种和辣椒素的含量，制成的红辣椒酱可分为甜味、辛辣味和重辣味。红辣椒酱一般搭配面包食用或作为配菜直接食用。红辣椒酱的名字

Ajвар 来源于土耳其语的 Havyar，原意为“咸鱼子酱”。在 20 世纪以前，多瑙河周边地区盛产由黑海洄游至贝尔格莱德的鲟鱼的鱼子制成的鱼子酱。到了 19 世纪 90 年代，由于工人运动和劳资纠纷，鱼子酱的生产变得不稳定。最终，在贝尔格莱德的餐馆中，一种由红辣椒制成的酱料成为鱼子酱的替代品，并逐渐风靡整个东南欧。

帕斯特玛利亚形似比萨，是北马其顿家庭中常见的美食，其做法源于土耳其传统食物土耳其比萨。帕斯特玛利亚主要由面粉制成的椭圆形饼底和上面的肉类馅料烤制而成。在北马其顿，传统的帕斯特玛利亚的馅料为腌制过的羊肉以及芝士，如今也有用猪肉或鸡肉混合作馅料的帕斯特玛利亚。这样的馅料搭配可以使得下面的饼底在烤制后更加软嫩美味。帕斯特玛利亚深受北马其顿人民的喜爱，每年斯蒂普市都会举办名为“帕斯特玛利亚节”的美食嘉年华。

二、节日与庆典

国庆日是北马其顿最重要的法定节日之一。北马其顿国庆日暨北马其顿独立日为每年 9 月 8 日。1991 年 9 月 8 日，北马其顿公投通过决议，从南斯拉夫独立。这一天也被定为独立后的北马其顿共和国的国庆日。在这一天，北马其顿全国放假，爱国的北马其顿人民纷纷走上街头参与各项盛大的纪念活动，其中包括免费的音乐会、特殊主题的舞蹈戏剧表演，以及各式各样的游行。尽管每个城市和小镇都会举行庆祝活动和游行，但最主要的庆祝活动在首都斯科普里历史悠久的佩拉广场上举行。届时，成千上万的北马其顿人聚集在一起，观看总理演讲、飞行表演和令人叹为观止的烟花汇演。游客也可以在广场上欣赏喷泉表演，感受浓厚的节日气氛，和当地人一同庆祝北马其顿悠久的历史。

北马其顿总统会在国庆日这天颁发“九月八日勋章”。“九月八日勋章”是北马其顿国家最高荣誉勋章，通常颁发给那些对提升北马其顿国家声誉、加强北马其顿与世界各国或国际组织之间友好关系做出杰出贡献的国家元首、政府首脑、议长、外国使节以及国际组织领导人等。曾获得“九月八日勋章”的人士包括北马其顿共和国首任总理尼古拉·克柳谢夫、德国前总统罗曼·赫尔佐克、卡塔尔前埃米尔谢赫·哈迈德·本·哈利法·阿勒萨尼、美国驻北马其顿前大使克里斯托弗·罗伯特·希尔等人。

除国庆日以外，北马其顿的节假日还包括宗教节日和革命战争纪念日。表 2.1 列出了北马其顿主要节假日的名称和日期。除东正教复活节和开斋节的日期每年有所不同外，其余节日每年日期相同。如果节日当天为公休日，则在最近的工作日补休。

表 2.1 北马其顿主要节假日

日期	节日	备注
1 月 1 日	新年	
1 月 7 日	东正教圣诞节	
4 月	东正教复活节	每年日期不同，通常在春分月圆之后的第一个星期日
4 月	东正教复活节周一	每年日期不同，东正教复活节后的周一
5 月 1 日	劳动节	即五一国际劳动节
5 月 24 日	圣基里尔和麦托迪节	斯拉夫文字字母节
5 月	开斋节	每年日期不同，为伊斯兰教历十月一日
6 月 15 日	国家公假	北马其顿议会选举日
8 月 2 日	共和国日	依林登起义纪念日
9 月 8 日	独立日	国庆日
10 月 11 日	革命日	反法西斯起义纪念日
10 月 23 日	马其顿革命纪念日	
12 月 8 日	圣克里门特·奥赫里德斯基日	

与多数巴尔干半岛民族相似，北马其顿人民天性热情奔放，喜欢庆祝各类节日。在北马其顿，人们不但庆祝传统宗教节日（如圣诞节、复活节等）和国家革命纪念日（如独立日暨国庆节），而且还喜欢举办各类嘉年华和狂欢节，如圣瓦西里日狂欢节和盖里奇尼克婚庆节等。

圣瓦西里日狂欢节也叫维夫查尼狂欢节，距今已有超过 1 400 年的历史。每年的 1 月 13 日和 1 月 14 日（即旧历新年除夕和新年第一天），人们聚集在首都斯科普里旁的维夫查尼小镇，以嘉年华的方式纪念圣瓦西里——东正教中维夫查尼城市和人民的守护圣徒。在这天，人们佩戴各式各样的奇异面具，举办盛大的游行典礼。整个维夫查尼镇就像一个露天剧院，人们以街道和广场为舞台，像戏剧演员一样扮演各式各样的角色。每年，超过 5 万名来自北马其顿和世界其他地方的游客会来到维夫查尼参加圣瓦西里日狂欢节。维夫查尼在 1993 年成为欧洲狂欢节城市联合会的成员，并成立了狂欢节协会，旨在复兴北马其顿国内的各类狂欢节。

盖里奇尼克婚庆节是北马其顿一年一度的民俗节日，每年 7 月在北马其顿北部风景优美的盖里奇尼克小镇举办，每届为期两天。这一节日起源于 20 世纪初，当时的盖里奇尼克小镇只有 5 000 余名居民，因为地理位置偏远，缺少工作机会，小镇许多年轻的居民被迫到大城市谋生。在每年最接近圣彼得日[1]的星期六，外出务工的居民都会回来，许多订婚的情侣也会选择在这一天结婚，以便让更多的家人和朋友共同见证。在婚礼现场，人们穿着马其顿传统服装，载歌载舞，为新婚夫妇送上祝福。如今，盖里奇尼克婚庆节已经成为盖里奇尼克夏日节庆的一部分，也是当地著名的文化旅游项目。每年，来自北马其顿全国各地的情侣可以报名参加当地举办的竞赛，获胜者会得到在盖里奇尼克婚庆节举办婚礼的机会。

[1] 圣彼得日也称圣彼得和圣保罗日，是基督教中纪念耶稣的使徒圣彼得和圣保罗殉道的重要节日。东正教的圣彼得日为每年的 7 月 12 日。

三、日常礼仪

在北马其顿，陌生人之间最常见的问候方式是双方紧紧握手并目光平视。朋友间则通常会轻轻拥抱以示问候。在家人和非常亲密的朋友间，北马其顿人也会通过亲吻脸颊的方式问候。但是，需要注意的是，北马其顿的穆斯林群体通常不会与异性有身体接触，因此对他们最好的问候方式是口头致意或者等待他们先伸手再握手问候。

四、家庭观念

北马其顿人十分重视家庭，家庭成员之间通常关系非常亲密，很多家庭都是三世同堂甚至四世同堂。几代人共同居住也使得北马其顿的祖父母辈可以帮助抚养孙辈，即便是经济条件优越的家庭也通常会遵循这样的传统。一般情况下，在北马其顿的家庭中，子女在成年后会继续与父母共同居住直到结婚，儿子即使结婚后也依然会和父母生活在一起。如果经济条件允许，父母会在家附近为儿子建造或购买房子作为新婚礼物，这样可以保证儿子和儿媳依然住在自己身边。而女儿则会在婚后搬到丈夫家居住。与父母共同居住的儿子肩负照顾年迈父母的责任，女儿则与丈夫一同照顾夫家的父母。

北马其顿人很尊重长者，年长者通常拥有更高的权威。在传统的北马其顿家庭中，最年长的男性成员拥有家庭中最高的决定权。如今，随着社会的发展，北马其顿的家庭正变得更加开放和民主，家庭决策也更多地由家庭成员共同商议产生。

家庭中的未成年子女除了由父母和祖父母照顾以外，一般还会在出生时在家族中为他们指定一对夫妇作为教父和教母。一旦因为某些特殊原因，亲生父母无法抚养孩子，教父和教母会负责抚养直到其成年。

五、文化遗产

北马其顿与阿尔巴尼亚交界处的北马其顿奥赫里德湖区及其腹地（包括奥赫里德市）于1979年被列入《世界自然遗产名录》，并于1980年被列入《世界文化遗产名录》。该地区存有6世纪中期建成的基督教教堂遗迹，在靠近湖畔的浅水区有三处史前湖岸木桩建筑遗迹。在自然景观方面，奥赫里德湖区不仅有着独特的自然景观，这里还生活着众多可追溯至第三纪的淡水动植物。2019年，该遗址再次扩大，将阿尔巴尼亚境内的奥赫里德湖区也包括入内。如今，这里是北马其顿和阿尔巴尼亚两国共同拥有的世界自然和文化遗产。

奥赫里德遗址内的奥赫里德镇是欧洲最古老、保存最完好的人类居住区之一，这里的考古发现横跨青铜时代至中世纪时期。奥赫里德遗址如今依然保留着7—19世纪的宗教建筑以及18—19世纪的城市建筑，具有极高的历史、建筑、文化和艺术价值。奥赫里德湖区还拥有可以追溯至4—6世纪的基督教建筑、最古老的斯拉夫修道院以及巴尔干地区第一所斯拉夫学院——奥赫里德语言学校。该学校在整个古代斯拉夫世界传播教育和文化，对斯拉夫民族和文化的发展产生了巨大的影响。

除了文化遗迹，奥赫里德湖区也有着丰富的自然遗产，其自然景观可以追溯到冰河时期以前。奥赫里德湖区相对孤立的地理位置为本地淡水动植物的生长提供了得天独厚的庇护所。奥赫里德湖区水域有超过200种特有物种，包括各种水藻类植物、硅藻类植物、扁形虫、甲壳类动物、鱼类等。湖泊良好的自然环境也为野生鸟类的保护发挥了积极的作用。

第三节 文化名人

一、历史文化名人

（一）亚历山大大帝（公元前 356 年—公元前 323 年）

亚历山大大帝是古希腊著名思想家亚里士多德的学生。作为古代马其顿王国鼎盛时期的皇帝，亚历山大大帝在古代东西方文化交流方面做出了诸多贡献。在公元前 334 年—公元前 324 年亚历山大东征时期，随同亚历山大大帝出征的还有众多学者，包括历史学家、植物学家、地理学家、测绘专家等。每当亚历山大攻占新的领地时，这些专家和学者就会对新的领地进行一系列研究，整理出大量自然资源、地理、历史等方面的资料，这些资料极大地开阔了古代西方学者对于世界的认识。

亚历山大东征还将实现亚欧一体化的文化理想和哲学使命作为其内在驱动力。[1] 亚历山大大帝在占领地实行积极的民族融合和通婚政策，将巴尔干半岛一些重要阶层的人员迁移至波斯地区。这为古希腊的文学、美术、哲学等文化成果传入东方世界提供了契机，促进了欧洲文化和亚洲文化的交流和融合。

需要注意的是，如同我们在前文中曾经提到过的，现代北马其顿共和国与古代马其顿王国之间的继承关系事实上存在争议，如希腊就主张亚历山大大帝是希腊人，现代希腊是古代马其顿王国文明的真正继承者。而北马其顿内部也存在不同的声音，较激进一派主张北马其顿是古代马其顿的正统继承人，亚历山大大帝是马其顿人；而较温和一派则承认亚历山大大帝与现代马其顿人没有直接的血缘关系，但依然主张古代马其顿人是独立

---

[1] 刘刚，李冬君．从亚历山大东征到文艺复兴全球化：古希腊的历史遗产 [J]．国家人文历史，2019（12）：12-16.

民族，而非希腊人。[1] 尽管各方观点不同，甚至存在冲突，但是亚历山大大帝和其统治的马其顿王国对北马其顿人民的文化认同和身份认同所产生的影响是显而易见的。2011 年 9 月 8 日，当北马其顿共和国（当时国名仍为马其顿共和国）独立 20 周年时，在首都斯科普里的马其顿广场上树立起高 14.5 米、重 48 吨的亚历山大大帝铜像，这也是当时世界上最大的亚历山大大帝雕像。

（二）克里门特·奥赫里德斯基（约 840—916 年）

克里门特·奥赫里德斯基于公元 840 年左右出生于现今北马其顿的奥赫里德市，是古代斯拉夫民族著名的科学家、作家、教育家及基督教圣徒。他是格拉哥里字母创始人基里尔和麦托迪兄弟最杰出的学生之一。克里门特·奥赫里德斯基于公元 886 年在奥赫里德创建了奥赫里德语言学校。奥赫里德语言学校与普雷斯拉夫语言学校一起，是古代斯拉夫时期（第一保加利亚国家时期）最主要的两个文化中心。在 886—893 年的 7 年时间中，克里门特·奥赫里德斯基在这里培养了超过 3 500 名熟练掌握斯拉夫语言和格拉哥里字母系统的学生和信徒。此外，他还将大量基督教文献翻译为古代斯拉夫语。

在格拉哥里字母的基础上，克里门特·奥赫里德斯基在奥赫里德语言学校创造了如今斯拉夫民族和国家广泛使用的基里尔字母系统。[2] 符合古代斯拉夫人语言习惯的基里尔字母系统极大地促进了基督教在斯拉夫人之中的传播。

916 年，克里门特·奥赫里德斯基在奥赫里德去世，葬于如今北马其顿奥赫里德市的圣克里门特和帕特雷蒙教堂。如今，克里门特·奥赫里德斯

[1] 丹福斯．马其顿人的民族身份之争 [J]．世界民族，1999（3）：39-47.

[2] 也有学说认为基里尔字母系统更可能是 10 世纪初在普雷斯拉夫语言学校创造的。

基被封为北马其顿共和国、奥赫里德市以及北马其顿东正教会的保护圣徒。北马其顿国家大学图书馆、北马其顿的比托拉大学以及斯科普里大学的教育系均以“圣克里门特·奥赫里德斯基”命名。

二、现代文化名人

（一）亚斯娜·科特斯卡（1970—）

亚斯娜·科特斯卡是北马其顿当代著名的作家、理论家、哲学家，也是斯科普里大学人文学科终身教授。她主要从事19世纪哲学、精神分析理论和性别研究，尤其对丹麦神学家和哲学家索伦·奥贝·克尔凯郭尔以及奥地利心理学家西格蒙德·弗洛伊德的著作和理论有深入的研究。

亚斯娜·科特斯卡的作品在美国、加拿大、克罗地亚、塞尔维亚、保加利亚和北马其顿等多个国家出版发行。她的《克尔凯郭尔论消费主义》一书于2017年获得北马其顿国家“戈采·德尔切夫奖”，以表彰她为北马其顿国家做出的贡献和在学术领域取得的成就。她的学术作品被翻译为英语、德语、斯洛文尼亚语、塞尔维亚语、土耳其语、保加利亚语、阿尔巴尼亚语、匈牙利语、希腊语、斯洛伐克语、罗马尼亚语等多种语言。

（二）瓦西尔·加瓦里埃夫（1984—）

瓦西尔·加瓦里埃夫是北马其顿著名的童星、合唱团主唱、经典歌剧演员和流行歌手。他在8岁的时候发行了自己的第一张专辑 *Marionka*。1994年，10岁的瓦西尔·加瓦里埃夫在马其顿儿童歌唱节上演唱了 *Marionka* 这首歌。此后，他在北马其顿和其他前南斯拉夫国家走红，这首歌也成了北马其顿儿童歌曲的经典之作。1997 年，他和家人移民美国。1999—2003 年，他加入了芝加哥儿童合唱团并担任主唱，并在白宫为美国总统布什表演。“9·11”事件后，美国收紧移民政策，瓦西尔·加瓦里埃夫和他的家人因为办理美国公民身份的证明文件不足，被驱逐出境。他一度旅居意大利米兰和英国伦敦，后来得到加拿大多伦多皇家音乐学院的奖学金，前往加拿大学习和生活。2018 年，他回到北马其顿工作和生活。瓦西尔·加瓦里埃夫在 2021 年代表北马其顿参加了欧洲歌唱大赛。

瓦西尔·加瓦里埃夫的代表作品有 *Marionka*、《帮帮我》（2007 年）、《项链》（2018 年）、《我的街道》（2020 年）和《我站在这里》（2021 年）等。

（三）伊莲娜·乔瓦诺娃（1984—）

伊莲娜·乔瓦诺娃是北马其顿著名的戏剧、电视剧和电影演员。她的父亲是马其顿人，母亲是生活在波黑的塞尔维亚族人。伊莲娜·乔瓦诺娃从小在北马其顿长大，毕业于斯科普里大学戏剧艺术系。她从 2006 年起加入北马其顿国家剧团，在超过 25 部戏剧作品中担任主角。

伊莲娜·乔瓦诺娃的银幕首秀作品是 2010 年由爱尔兰导演胡安妮塔·威尔森执导的电影《仿佛我不在那儿》。该电影代表爱尔兰参加了第 84 届奥斯卡金像奖最佳外语片奖的角逐。同一年，伊莲娜·乔瓦诺娃还参演了美国著名演员安吉丽娜·朱莉作为商业电影导演的处女作——《血与蜜之地》。该电影被提名为第 69 届金球奖最佳外语片奖候选影片。参演《血与蜜之地》也使得伊莲娜·乔瓦诺娃成为第一位出现在好莱坞大银幕上的北马其顿女演员。

第三章 教育历史

第一节 历史沿革

如今北马其顿所在的这片土地[1]上的教育历史可以追溯到中世纪时期。与其他以斯拉夫民族为主的国家或地区相似，在斯拉夫文字系统建立以后，马其顿地区的教育也进入了较为快速的发展阶段。而随着马其顿地区被奥斯曼帝国征服，该地区在语言、文化等众多方面都受到了奥斯曼帝国和伊斯兰教的影响，教育也随之出现了明显的“土耳其化”。进入 19 世纪以后，随着奥斯曼帝国的逐渐衰落，尽管马其顿地区仍然被土耳其统治者控制，但是奥斯曼帝国及其后继的土耳其统治者对该地区的影响逐渐减弱，以马其顿语为教学语言的本地世俗学校得到了较为快速的发展。然而，在 1878 年柏林会议后，马其顿地区周边的保加利亚、塞尔维亚和希腊等国纷纷开始对马其顿地区施加影响，在其领土上开设学校，通过教育参与到瓜分马其顿地区的行动中。这样的情况一直持续到第二次世界大战后。随着北马其顿（当时名为马其顿）被承认为南斯拉夫的六个加盟共和国之一，马其顿语也被承认是南斯拉夫的四门官方语言之一，北马其顿的教育开始迎来了快速发展时期。1991 年，北马其顿从南斯拉夫独立，此后北马其顿的教育开始走向欧洲化

[1] 为了行文方便，以下以“马其顿地区”代指古代北马其顿所在地及周边地区（见第 24 页注释）；以“北马其顿”代指 1943 年后获得独立地位的现代马其顿国家。

的道路。2003 年，北马其顿成为“博洛尼亚进程”[1] 的正式成员，这是北马其顿高等教育系统欧洲化的重要标志。近些年来，通过加强与欧盟以及欧盟国家的合作，北马其顿建立起了本国的现代化教育体系。

一、19 世纪以前马其顿地区的教育

马其顿地区的教育历史可以追溯至基里尔和麦托迪兄弟以及他们的学生克里门特・奥赫里德斯基发明斯拉夫文字字母系统的时代。公元 886 年，克里门特・奥赫里德斯基在如今北马其顿的奥赫里德地区建立了古代马其顿地区第一所斯拉夫学校——奥赫里德语言学校。在这里，克里门特・奥赫里德斯基培养了超过 3 500 名熟练掌握斯拉夫语言和格拉哥里字母系统的学生，翻译了大量基督教经典并广泛地传播了斯拉夫文化，使得奥赫里德成为古代斯拉夫世界重要的文学和文化中心。

到了 14 世纪，马其顿地区被奥斯曼帝国吞并。作为在奥斯曼帝国中得到了苏丹认可的基督教（东正教）组织，君士坦丁堡教区在马其顿地区的学校和宗教活动中强化希腊语的使用，导致该地区以斯拉夫语和斯拉夫文化为主的教育严重受挫，斯拉夫学校的办学条件极度恶化。特别是在 1767 年，当君士坦丁堡主教废除了奥赫里德大主教的职务后，马其顿地区的教堂、修道院以及学校中的斯拉夫语言文化教育更是受到严重打击，几近消失。尽管如此，马其顿地区还是有许多人在修道院中通过抄写古代斯拉夫经典书籍和手稿，建立斯拉夫文图书馆，设法保留并延续斯拉夫文化和传统。

在奥斯曼帝国统治时期，马其顿地区还出现了为土耳其和穆斯林儿童

[1]“博洛尼亚进程”由 29 个欧洲国家于 1999 年在意大利的博洛尼亚提出，主要目的是整合欧洲各国的高等教育资源，打通各国高等教育体系，实现欧洲各国大学学历、成绩和学分等系统的相互认可。“博洛尼亚进程”签署国的学生可以无障碍地前往其他进程签署国家继续攻读学位课程。

提供教育的学校。在这类专门为穆斯林提供教育的学校中，提供基础教育的学校被称为玛克塔布（Maktab），而提供高等教育、为玛克塔布培养教师或为伊斯兰教培养神职人员的学校被称为麦德莱赛（Madrasah）。这类学校中最著名的是 1440 年在斯科普里建成的位于伊沙克贝清真寺内的伊沙克贝宗教学校。到了 17 世纪的时候，马其顿地区已经建成了 18 所伊斯兰教学校，其中有 6 所位于斯科普里，9 所位于比托拉，还有 3 所位于其他主要城市。[1]

二、19—20 世纪中期马其顿地区的教育

19—20 世纪是马其顿地区学校教育发展的重要时期。这一时期，马其顿地区的学校发生了根本性的变化。随着奥斯曼帝国统治的逐渐瓦解以及马其顿地区经济贸易的快速增长，马其顿地区的城市开始发展，资产阶级力量开始壮大。这为马其顿地区教育的发展和学校的组织形式带来了巨大的变化，学校不再仅仅由教会或修道院举办，一批使用马其顿语教学的世俗学校在马其顿地区经济最为发达的一些城市相继建立，如韦莱斯（1837 年）、斯蒂普（1840 年）、斯科普里（1848 年）、库马诺沃（1852 年）、泰托沃（1854 年）等。到了 19 世纪 70 年代末期，几乎马其顿地区所有的城市和较大的村庄都开设了世俗学校。1875 年，马其顿地区有 65 所城市学校和 150 多所农村学校。[2]

19 世纪三四十年代，马其顿地区的学校是在没有中央政府管理的情况下建立的，教会学校通常由教会直接管理，而世俗学校内部的组织、运营和管理则由教职工自行负责。因此，马其顿地区的学校在这一时期拥有较

[1] 资料来源于数字马其顿百科全书官网。

[2] 资料来源于数字马其顿百科全书官网。

为独立和自由的发展空间。随着世俗学校的发展，1857—1882年，马其顿地区出版了一系列的马其顿语读物和教材。

1878年柏林会议后，各个强国重新划分其在巴尔干半岛的势力范围。尽管土耳其获得了马其顿地区名义上的控制权，但是周边的保加利亚、希腊和塞尔维亚在事实上对马其顿地区拥有更强的影响力。在保加利亚、希腊和塞尔维亚的影响下，马其顿地区建立了一批新型学校。除了小学和中学外，在这一时期，马其顿地区还开设了成人高中、周末学校、夜校以及幼儿园。进入20世纪时，马其顿地区已经有781所学校，其中小学718所、初中58所、高中3所、师范学校2所，学生总数达到了39 454人。[1]

1913年巴尔干战争结束后，马其顿地区的领土被保加利亚、塞尔维亚和希腊三国分治，即上文介绍过的保加利亚马其顿（皮林马其顿）、南斯拉夫马其顿（瓦尔达尔马其顿）和希腊马其顿（爱琴马其顿）。三个国家在各自控制的地区实施去民族化政策和同化政策，要求所控制地区的马其顿学生在保加利亚语、塞尔维亚语和希腊语学校学习，禁止使用马其顿语和马其顿语教材。这一时期，马其顿地区的教育发展处在相对停滞的阶段，学前教育几乎不存在，初等教育和中等教育也未能得到发展，本地区10岁以上的居民的文盲率达到67.5%[2]。在高等教育领域，仅在1920年新开设了斯科普里哲学学院这一所高等教育机构。

在第一次世界大战和第二次世界大战期间，列强由于疲于应对战争，对马其顿地区的控制有所减弱，马其顿地区的教育迎来了新的发展机遇。1940年，马其顿地区有25所幼儿园，1 611名学生；850所小学，1 808个教学班，95 010名学生；41所初中，12 605名学生；15所高中，237个教学班级，397名教师，9 540名学生；2所职业高中、1所医学校、1所师范学校，共计

[1] 资料来源于数字马其顿百科全书官网。

[2] 也有数据显示1939年马其顿地区的居民文盲率达到了75%。

27 个教学班级，60 名教师，885 名学生。[1] 这些数据展示了马其顿地区教育在两次世界大战期间的蓬勃发展。

三、现代北马其顿国家的教育

1943 年，在由南斯拉夫共产党领导的南斯拉夫反法西斯民族解放委员会第二次会议上，北马其顿（当时名为马其顿）被正式承认是南斯拉夫联邦的独立成员，北马其顿国家和马其顿民族被承认是独立存在的国家和民族，马其顿语被承认为南斯拉夫联邦的四种官方语言之一。1944 年，在马其顿反法西斯民族解放大会第一次会议上，马其顿政府宣布马其顿语为新成立的马其顿人民共和国的官方语言，并于 1944—1945 年组建了三个委员会，负责确定标准马其顿语言和马其顿文字书写系统。1945 年 6 月，北马其顿政府批准了马其顿语正字书写和语法系统的提案，基于新确立的现代马其顿语的教材随后问世。现代马其顿语的标准化代表了马其顿民族的存在得到了事实上的认可，为北马其顿国家文化和教育的发展奠定了坚实的基础。

在三国分治期间，由于三国的统治者不允许学校使用马其顿语学习，因此北马其顿在获得解放后，几乎没有教师可以使用马其顿语授课。1944 年 12 月，全国仅有 337 名小学教师和 140 名中学教师接受过马其顿语授课的训练。然而，根据政府估计，在 1944—1945 学年，全国至少分别需要 3 000 名和 450 名能使用马其顿语授课的小学教师和中学教师。[2] 除了师资紧缺，当时的教学设施也严重不足。二战期间，有 18% 的学校建筑被征用为军队和警察的营房，这导致北马其顿民族解放初期教育系统运作十分艰难。为了缓解教师紧缺，政府紧急召集了一批接受过高中层次教育的年轻

[1] 资料来源于数字马其顿百科全书官网。

[2] ROSSOS A. Macedonia and the Macedonians: a history[M]. Stanford, CA: Hoover Press, 2013: 252.

人，并对他们进行了密集的培训，着重培养他们教授马其顿语、马其顿地理以及马其顿历史的能力。在这样的大力动员下，仅 1944—1945 学年的第一学期就有近 2 000 人完成了教师培训课程并且立即走上教师岗位开始工作。与此同时，政府也大力开办学校。1944—1945 学年，在解放后的北马其顿土地上，第一所马其顿语小学正式建立，随后学校网络得到了快速的扩张。到 1944 年 12 月，共有 9 所高中在北马其顿各大城市开办，此外还有一些音乐、艺术、师范专科学校在首都斯科普里开办。[1]

在经历了民族解放初期的艰难时期后，北马其顿的教育逐渐走上正轨并快速发展。到 1953 年，北马其顿居民的文盲率下降至 35.7%；1961 年，文盲率下降至 26.5%；1971 年，文盲率下降至 18.1%；到了 1981 年，文盲率已降至 10.9%。1994 年北马其顿全国人口普查显示，仅 5% 的北马其顿居民不具备基本的读写能力，且他们当中绝大部分人为 70 岁以上的少数民族人口。[2] 这体现了北马其顿自民族解放以来在教育上取得的成绩。

北马其顿的学校教育体系也在这一时段得到了极大的发展。北马其顿在民族解放后将学校与教会进行了剥离，除神学院以外，不再设立私立学校和教会学校。1939 年，马其顿地区仅有 39 所幼儿园；到 1987 年，有 41 217 名儿童在 627 所幼儿园就读。与之相似的是，1939 年，马其顿地区有 817 所小学，有学生 100 000 名；到 1951 年，小学数量增至 1 591 所，在读学生增至 167 000 人；到 1993 年，小学生数量已经达到了 261 127 人。[3] 中学教育在此期间也得到了快速发展。1951—1966 年，中学数量从 112 所上升至 163 所，在读学生数量从 19 836 人上升至 52 697 人；到 20 世纪 70 年代，80% 的北马其顿小学毕业生可以继续进入中学学习。[4]

北马其顿的高等教育从 20 世纪 40 年代起快速发展。在此之前，马其顿

[1] ROSSOS A. Macedonia and the Macedonians: a history [M]. Stanford, CA: Hoover Press, 2013: 252.

[2] ROSSOS A. Macedonia and the Macedonians: a history [M]. Stanford, CA: Hoover Press, 2013: 252.

[3] ROSSOS A. Macedonia and the Macedonians: a history [M]. Stanford, CA: Hoover Press, 2013: 253.

[4] ROSSOS A. Macedonia and the Macedonians: a history [M]. Stanford, CA: Hoover Press, 2013: 253.

地区没有独立的大学，仅有的一所高等教育机构斯科普里哲学学院是塞尔维亚贝尔格莱德大学的分支机构。1946 年，斯科普里哲学学院开始用马其顿语授课并录取了 199 名学生。北马其顿第一所独立的大学斯科普里大学于 1949 年正式建立。建校时，斯科普里大学共有学生 1 092 名，到 1974 年，曾在该大学接受教育的学生人数达到了 37 449 人。[1] 1967 年 2 月 23 日建成的马其顿科学和艺术学院是北马其顿迄今为止最高等级的学术和文化机构。马其顿科学和艺术学院的建成代表着北马其顿国家学术教育事业发展步入正轨。1979 年，北马其顿历史上的第二所大学——比托拉大学在比托拉建成。[2]

北马其顿 1991 年从南斯拉夫独立以后，总体上继承了原有的教育体制和教育机构。此后，随着北马其顿加入北约和欧盟，北马其顿的教育体系开始了全面的欧洲化转型。在本书的第四章至第九章，我们将详细介绍和探究北马其顿独立后各层次教育体制的发展沿革、特点、经验、面临的挑战，以及政府采取的应对措施。

第二节　教育人物

自 19 世纪北马其顿民族解放运动和民族教育事业兴起后，北马其顿涌现了许多对马其顿民族教育产生重要影响的教育家和马其顿学家。他们通过讲学、培养教师、撰写著作等方式，为马其顿民族文化的保护、传承与发展做出了巨大的贡献。这些教育家和学者中的杰出人物有迪米塔尔·米拉迪诺夫（1810—1862）、约翰·哈切·康斯坦丁诺夫·镇尼（1818—1882）和布拉热·科纳斯基（1921—1993）。迪米塔尔·米拉迪诺夫在北马其顿

[1] ROSSOS A. Macedonia and the Macedonians: a history[M]. Stanford, CA: Hoover Press, 2013: 253.

[2] ROSSOS A. Macedonia and the Macedonians: a history[M]. Stanford, CA: Hoover Press, 2013: 253.

各地教学，收集整理民歌、民俗等马其顿民族文化史料，为马其顿民族教育事业培养了大量人才，并为马其顿文化的传承留下了珍贵的资料。约翰·哈切·康斯坦丁诺夫·镇尼尽管一生多次被统治当局驱逐，但是他从未放弃教育事业。他主张使用本土语言教学并在马其顿地区引入了现代教学方法，将自己的一生奉献给了马其顿地区的教育事业。此外，在北马其顿获得独立地位后，布拉热·科纳斯基同其他马其顿学者一道，建立了现代马其顿语语言和语法标准，使马其顿语成为一门完整独立的语言，为马其顿民族和国家教育的发展提供了根本保障。

一、迪米塔尔·米拉迪诺夫

迪米塔尔·米拉迪诺夫 1810 年出生在今北马其顿的斯特鲁加，是著名的马其顿民族复兴主义者、诗人、教育家、政治家和民俗与民间文艺作品学者，是马其顿民族志的创始人。他的诗歌作品具有明显的抒情气质。他与他的弟弟康斯坦丁·米拉迪诺夫（1830—1862）一同在马其顿地区组织和开展反对希腊化的斗争。

迪米塔尔·米拉迪诺夫出生在一个陶艺家庭，他在斯特鲁加读完小学后，于 1833—1836 年在希腊的约阿尼纳读高中。高中毕业后，迪米塔尔于 1836—1839 年在如今北马其顿的奥赫里德地区任教。随后，他在当地希腊主教的压力下被迫离开奥赫里德，回到了家乡斯特鲁加，后又前往基尔基斯任教。此后，他辗转于奥赫里德和斯特鲁加两地，直到 1849 年在比托拉地区的学校任教至 1854 年。

在奥赫里德任教期间，迪米塔尔·米拉迪诺夫见到了前来奥赫里德访问的著名的俄罗斯斯拉夫主义者维克托·伊万诺维奇·格里戈罗维奇（1815—1876）。在格里戈罗维奇的建议和影响下，迪米塔尔·米拉迪诺夫开始了马其顿民歌和其他马其顿民族文艺作品的收集和整理工作。1854—1860年，迪米塔尔·米拉迪诺夫和康斯坦丁·米拉迪诺夫，以及保加利亚民俗学家瓦西尔·乔拉科夫（1828—1885）等人，总共收集了近600首马其顿民歌、77首保加利亚民歌，以及大量关于马其顿民族的传说、民俗、人名、谚语等素材，并于1861年出版了《保加利亚民歌》[1]。1862年，迪米塔尔·米拉迪诺夫和康斯坦丁·米拉迪诺夫先后被土耳其统治者以间谍罪逮捕并关押在君士坦丁堡的监狱中等待审判。同年，兄弟两人在狱中去世。

迪米塔尔·米拉迪诺夫虽然接受过希腊文化和教育，但是他却在马其顿民族反对希腊化的斗争中发挥了重要的作用。迪米塔尔·米拉迪诺夫通过在教学实践中引入通俗易懂的演讲、信函、人物故事等，向学生讲述马其顿民族的历史、现在和未来。他还通过对青年教师的培养，为马其顿民族教育的发展储备人才。他和康斯坦丁·米拉迪诺夫被认为是19世纪马其顿民族复兴的代表和先驱。如今，在他们的家乡斯特鲁加专门设有米拉迪诺夫兄弟纪念馆，在北马其顿首都斯科普里的艺术桥上还立有米拉迪诺夫两兄弟的雕塑。

二、约翰·哈切·康斯坦丁诺夫·镇尼

约翰·哈切·康斯坦丁诺夫·镇尼是北马其顿历史上著名的作家和教育家。他于1818年出生在今北马其顿的韦莱斯，并在当地的一所教会学校完成了小学学业。随后，他前往塞萨洛尼基和萨莫科夫的高中学习。1840年，约翰·哈切·康斯坦丁诺夫·镇尼开始担任私人教师。1845年，他被任命为韦莱斯地区一所市立学校的教师。由于与希腊神职人员发生冲

[1] 由于马其顿民族和保加利亚民族在民族划分上存在一定的争议，1962年，当南斯拉夫马其顿再版《保加利亚民歌》一书时，这本书被重命名为《米拉迪诺夫兄弟集》。

突，康斯坦丁诺夫被迫离开家乡，于1848年定居在如今的斯科普里，并在一所保加利亚学校任教。在这里，他率先应用现代教学方法，并取得了良好的教学成果。1857年，迫于斯科普里地区希腊主教的压力，康斯坦丁诺夫再次失去了教师工作。同年，他被土耳其统治者驱逐，被迫离开斯科普里。土耳其统治者指控他与塞尔维亚和保加利亚解放运动领导者格奥尔基·拉考夫斯基（1821—1867）共谋反抗。1863年，约翰·哈切·康斯坦丁诺夫·镇尼结束了被流放的生活，回到了家乡韦莱斯，并将他的全部精力奉献给了当地的教育事业。1882年8月22日，约翰·哈切·康斯坦丁诺夫·镇尼在韦莱斯去世。

约翰·哈切·康斯坦丁诺夫·镇尼将他的一生奉献给了马其顿地区的世俗教育事业。他积极地应用现代教学方法，并且倡导在学校中使用本地语言教学。虽然他将自己教学使用的本地语言称为“保加利亚语”，但其实这种语言就是现代马其顿语的雏形。他的教学实践在事实上促进了马其顿语言教育的发展。

三、布拉热·科纳斯基

布拉热·科纳斯基是北马其顿著名的诗人、作家、文学翻译家和语言学家。布拉热·科纳斯基于1921年12月19日出生在奈布莱格勒（今北马其顿多奈尼市）。他曾在克拉古耶瓦茨上高中，并在塞尔维亚的贝尔格莱德大学短暂学习过医学。随后，布拉热·科纳斯基转入贝尔格莱德大学的塞尔维亚语言文学专业学习。1941年，当南斯拉夫沦陷后，他又前往保加利亚索非亚大学法律系学习。1945年，时年24岁的布拉热·科纳斯基参与了现代马其顿语标准化的工作，并成为现代马其顿语规范化和标准化的奠基人。他对马其顿语有高深的造诣，撰写了许多著作，其中包括《马其顿语语法》《马其顿语的历史》《论马其顿语言》等。此外，他还修订过三卷本的《马其顿语词典》。布拉热·科纳斯基的主要文学作品有《葡萄园》（1955年）、《文集》（1967年）、《桥》（1945年）、《人间与爱情》（1949年）、《诗集》（1953年）等。

布拉热·科纳斯基对马其顿文学和北马其顿国家的民族精神都产生了巨大的影响，是马其顿学中最为杰出的人物。布拉热·科纳斯基在国内外学术界均享有盛名。他创立了马其顿作家协会、马其顿语言学院以及马其顿语言文学协会，曾担任斯科普里大学教授以及名誉校长，并于1967年当选为马其顿科学和艺术学院首任院长。同一时期，他还担任过克罗地亚、塞尔维亚、斯洛文尼亚、波黑、奥地利及波兰艺术科学院院士。此外，布拉热·科纳斯基还获得了美国芝加哥大学和波兰克拉科夫大学授予的荣誉博士学位。

布拉热·科纳斯基于1993年12月7日在斯科普里去世。为了纪念他对现代马其顿语标准化做出的杰出贡献，北马其顿为布拉热·科纳斯基举办了国葬。斯科普里大学的语言文学系也以其名命名，以此表达对他的敬意。

第四章 学前教育

第一节 学前教育的发展和现状

一、发展沿革

自1991年独立以来，北马其顿的学前教育发展一直较为缓慢。直到2007年，北马其顿才确立了以0—6岁儿童为主要教育对象的学前教育体系。2009年，学前教育的主管机构之一劳动和社会政策部会同北马其顿主要学前教育管理机构制定并颁布了北马其顿《儿童早期学习发展标准》(以下简称《标准》)。《标准》明确了北马其顿学前教育的主要目标是发展儿童的运动能力、社会情感能力、认知能力等。《标准》适用于所有面向0—6岁儿童的照顾、抚养和教育服务机构，包括家庭、幼儿园、儿童娱乐中心以及其他各种形式的儿童看护机构。同年，北马其顿召开了全国幼儿园代表会议，宣传和促进儿童早教理念和《标准》的实施工作。

2010—2012年，北马其顿共建设了18所模范幼儿园。这些幼儿园的保育员和教师通过相关培训，基于《标准》开展对儿童的教学、测试以及学业记录，并同家长建立合作关系。基于《标准》，北马其顿政府还开发了多种儿童成长监测工具并正式建立了儿童学习成长记录档案，同时为幼儿园教师和保育员配发了使用手册。2013 年，北马其顿政府又开发了供家长使用的儿童早教材料，以促进儿童在家庭中的学习和成长。在政府的指导下，模范幼儿园开展了对《标准》和早教材料的实施和使用效果的跟踪监测。截至 2014 年，北马其顿全部的公立和私立幼儿园教师都已经接受了儿童学习成长记录档案和相关监测工具使用的培训。

北马其顿于 2013 年颁布《儿童保护法》，将学前教育纳入该法律的保护和监管范围。根据《儿童保护法》规定，儿童早期学习和发展是北马其顿儿童保护工作的重心。除公立早教机构外，该法律也允许其他形式的儿童看护和教育服务。这一规定使地方政府在没有建设幼儿园的情况下，可以通过开设早期儿童发展中心来满足儿童早期学习发展的需求。为了保证学前教育的质量，《儿童保护法》还确立了学前教育的监管系统以及学前教师培训考试制度。2014 年，共有 157 名保育员接受了《标准》的培训。经过培训的保育员继续培训所在幼儿园的其他同事，以此实现《标准》培训的普及。

2013—2015 年，北马其顿政府开展了一系列的行动以提高学前教育的文化多样性和包容性。2013 年，北马其顿的幼儿园开始聘用言语治疗师，以帮助语言能力发展滞后的儿童。2014—2015 年，北马其顿政府开发了教育和文化多样性培训手册和配套儿童读本，并在 10 所幼儿园的 5—6 岁儿童中开始了试点。2015 年，北马其顿劳动和社会政策部与教育发展局共同修订并颁布了《国家教育发展规划》。《国家教育发展规划》强调要保障北马其顿所有学龄前儿童拥有平等的学前教育机会，保护有身心障碍、来自不发达地区、社会少数族裔儿童，特别是罗姆族儿童的学前教育机会。[1]

[1] Ministry of Education and Science of the Republic of Macedonia. Education Strategy 2018—2025 and Action Plan[M]. Skopje: Ministry of Education and Science of the Republic of Macedonia, 2018: 27-28.

二、基本数据

北马其顿针对 0—6 岁儿童实行非强制性的学前教育，学前教育由《儿童保护法》规范。根据法律规定，北马其顿劳动和社会政策部负责监管学前教育机构的基础设施建设，如暖气、电力、供水等；教育和科学部及教育发展局负责监管学前教育机构的师资水平、课程设置等。

北马其顿的学前教育机构主要有以下四种形式：公立和私立学前教育机构、公立和私立儿童早期发展中心、私立学校下属幼儿园、公有企业和私有企业职工幼儿园。

公立学前教育机构由国家和地方财政共同支持，私立学前教育机构则自负盈亏。根据 2016 年的统计数据，北马其顿共有 64 所公立学前教育机构，19 所私立学前教育机构，4 所私立学校下属幼儿园，1 个公立儿童早期发展中心，6 个私立儿童早期发展中心，1 所公立企业职工幼儿园和 1 所私立企业职工幼儿园。[1] 北马其顿全国共有 33 238 名儿童接受学前教育，其中女童 16 796 名，罗姆族儿童 840 名，存在不同程度的身心障碍儿童 174 名。[2] 2015 年，在接受学前教育的所有儿童中，有 14 035 名儿童（占比 42.2%）为 5—6 岁的学前班儿童。[3]

由于北马其顿缺乏对学前教育阶段财政支出的追踪，目前暂无具体的学前教育经费开支统计。[4] 2017 年，北马其顿学前教育和初等教育总计支出约为 31 161 000 欧元。[5]

---

[1] Ministry of Education and Science of the Republic of Macedonia. Education Strategy 2018—2025 and Action Plan[M]. Skopje: Ministry of Education and Science of the Republic of Macedonia, 2018: 12.

[2] Ministry of Education and Science of the Republic of Macedonia. Education Strategy 2018—2025 and Action Plan[M]. Skopje: Ministry of Education and Science of the Republic of Macedonia, 2018: 12.

[3] Ministry of Education and Science of the Republic of Macedonia. Education Strategy 2018—2025 and Action Plan[M]. Skopje: Ministry of Education and Science of the Republic of Macedonia, 2018: 12.

[4] 资料来源于欧盟委员会 Eurydice 数据库。

[5] Ministry of Education and Science of the Republic of Macedonia. Education Strategy 2018—2025 and Action Plan[M]. Skopje: Ministry of Education and Science of the Republic of Macedonia, 2018: 16.

和周边其他国家相比，北马其顿儿童学前教育入学率依旧处于较低水平，尤其是罗姆族儿童的入学比例更低。针对这一情况，北马其顿劳动和社会政策部与罗姆族教育基金、18个自治市以及17个罗姆族非政府组织合作实施了“接纳罗姆族儿童进入公立幼儿园”项目。该项目旨在让更多的罗姆族儿童可以在进入小学前接受1—2年的学前教育，以此提高罗姆族儿童家长对教育的重视程度和罗姆族儿童的社交技能及其马其顿语水平。此外，劳动和社会政策部还与财政部一同资助培养了17名有罗姆族背景的保育员，目的是更好地照顾学前教育机构中的罗姆族儿童。

除学龄前儿童入学率较低以外，北马其顿的学前教育目前还存在其他许多问题。例如，学前教育机构环境和硬件设施较差；村镇地区学前教育机构缺少教学材料和儿童玩具；学前教育机构数字信息化水平低；学前教师、保育员、各类专业管理人员（如医生、技工、幼儿园经理）等教职员工人手紧缺；政府部门（如教育和科学部、劳动和社会政策部）管理权限重叠，职权不清；缺乏有效的学前教育质量监管和评估体系等。[1]

三、学前教育的组织形式

北马其顿《儿童保护法》第63条规定，各类学前教育机构（如幼儿园和儿童早期发展中心）应提供多种时长和不同覆盖面的儿童托育服务。目前，北马其顿学前教育机构主要有全天托育（9—11小时）和半天托育（4—6小时，可选择上午或下午）两种托育形式。除此之外，北马其顿的学前教育还包括长期医学照顾和由劳动和社会政策部与教育发展局批准的特殊教育项目。除了提供长期托育服务，学前教育机构也会为学龄前儿童组

[1] Ministry of Education and Science of the Republic of Macedonia. Education Strategy 2018—2025 and Action Plan[M]. Skopje: Ministry of Education and Science of the Republic of Macedonia, 2018: 29.

织一些短期校外活动。此类活动每次大约有3小时，包括游戏、创意工作坊、文艺工作坊以及为3—6岁儿童准备的体育活动等。[1]

北马其顿的学前教育机构中主要的教职员工有：保育员、专职学前教师、音乐教师、视觉艺术教师、体育教师、特教老师、心理学家、言语治疗师、儿科医生、内科医生、护士、社会工作者、律师、财务专家、厨师、行政管理人员等。[2]

四、学前教育的资金来源

北马其顿公立学前教育机构的办学资金主要来源于中央政府和地方政府的财政拨款。中央政府拨款由《儿童保护法》确定并由劳动和社会政策部进行分配和执行，主要用于公共儿童设施的修建和运营，以及为提高学龄前儿童照顾和教育水平而展开的必要活动。

除中央财政拨款外，各个地方自治政府也会制定地方儿童保护发展规划，并根据《地方自治政府财政法》和《儿童保护法》的规定对学前教育进行拨款。地方政府拨款主要用于公立学前教育机构的运营，公立学前教育机构中各类设施的建设、维修和置换，以及为提高学龄前儿童照顾和教育水平而展开的必要活动。

北马其顿国家学前教育预算拨款通常会通过整体拨款或专项拨款划转给地方政府，由地方政府负责，与地方预算拨款一起用于学龄前儿童的照顾和教育以及各类公立学前教育机构的建设。除去中央和地方政府的拨款外，学前教育经费的来源还包括各类基金、募捐所得钱款、遗赠，以及其

[1] 资料来源于欧盟委员会 Eurydice 数据库。

[2] 心理学家、言语治疗师、儿科医生、内科医生、护士、社会工作者、律师、财务专家是根据北马其顿学前教育相关法律要求配备的专业技术人员。

他来源。公立学前教育机构可以对超过国家规定标准的更高质量的学前教育服务进行收费，以作为办学经费的补充。

除公立学前教育机构外，北马其顿法律允许私人出资设立幼儿园或儿童发展中心等学前教育机构。私立学前教育机构盈亏自负，通过收取学费的方式来获得办学经费。

五、学前教师的任职资格

根据《儿童保护法》规定，北马其顿所有的学前教育机构工作人员（包括教师、保育员和各类专业人员）均应拥有学前教育大学文凭，且所修文凭应对应 240 个 ECTS（欧洲学分转移和累积系统[1]）学分或满足北马其顿国家标准 VII/1 的要求。这一学历要求对应中国的本科及以上学历。除了达到法定的学历要求以外，学前教育机构的所有教师还需要获得劳动和社会政策部颁发的职业资格证书。北马其顿劳动和社会政策部有权对学前教师职业资格证书进行签发、换新、延期及注销。劳动和社会政策部还负责制定学前教育教师规章和行为守则。

六、学前教育的目标

《标准》对 0—6 岁的学前教育目标规定如下。（1）发展儿童的社会情感能力：树立积极的自我形象，培养与同伴及周围环境互动的信心和能力，学会了解自己的情绪，培养自控力，保持积极的心态，学会对多元社会的

[1] 欧洲学分转移和累积系统（European Credit Transfer and Accumulation System，简称 ECTS）是根据“博洛尼亚进程”提出的学分互认系统。根据这一系统，一学年的大学学习相当于 60 ECTS 学分，对应 1 500—1 800 小时学习。学生的学分可以在进程签署国内的高校无障碍地进行转换。

尊重和负责。(2)培养儿童的学习方法：培养兴趣和好奇心，促进自发性学习，培养坚毅品格，提高创造力，学会反思和解释。(3)发展儿童的语言沟通能力：学会听和理解口语，学会清晰地口头表述；培养沟通能力；提高阅读兴趣；发展书面表达能力；学会感知语言和文化差异。(4)发展儿童的认知能力和通识教育：培养思考能力；培养获取和利用信息的能力；根据年龄发展阶段，培养解决问题的能力；发展批判性思维。

七、学前教育的评估

自 2014 年起，根据《标准》设立的学前教育目标，北马其顿政府推出儿童学习成长记录档案，用来追踪儿童在学前教育阶段的发展情况。档案中主要包括儿童的基本信息、医疗信息、认知发展水平、语言能力水平和社会能力水平。幼儿教师可以根据档案信息来适当调整教学和课程规划，以确保学龄前儿童在学前教育阶段做好进入初等教育学习的准备，并为“幼升小”衔接提供参考。

第二节 学前教育的特点和经验

一、学前教育的特点

第一节主要概述了北马其顿学前教育的发展历史、现状、组织形式、教学目标以及教学评估方式。通过对北马其顿学前教育发展脉络和现状的梳理，可以看出北马其顿学前教育具有以下特点。

（一）学前教育发展较为迟滞

北马其顿实行非强制性的学前教育，0—6 岁儿童是否接受正式的学前教育通常由家长决定。自 1991 年独立以来，北马其顿的学前教育发展一直处在相对较低的水平。联合国教科文组织 2015 年发布的《全球教育监测报告》显示，北马其顿学前教育入学率在 1999—2012 年的十余年间几乎没有任何增长，一直处于低于 30% 的水平，而中东欧其他国家的学前教育入学率均有不同程度的提高。在融入欧洲和加入欧盟的国家战略之下，北马其顿政府自进入 21 世纪以来，出台了多项教育发展政策，如《国家教育发展规划》和《2018—2025 年教育策略和行动计划》等。2017 年，北马其顿学前教育入学率已经从低于 30% 提升到了 35%，然而这一比例依然与欧盟政策规划的 95% 的儿童学前教育入学率相差甚远。[1]

（二）学前教育政策逐步完善

自进入 21 世纪以来，在欧盟学前教育政策的影响下，北马其顿逐步形成了覆盖 0—6 周岁学龄前儿童的学前教育体系和相关政策。作为学前教育的主管机构，北马其顿劳动和社会政策部与教育和科学部出台了一系列的政策文件，明确了北马其顿学前教育的组织形式和教学目标。在欧洲各国文化教育多元化发展的背景下，北马其顿也将多元文化教育引入了学前教育阶段的课程设计之中。针对北马其顿本国的民族文化特点，提出了重点提高罗姆族儿童学前教育入学率的目标，同时加强学前教师和保育员的培训，提高他们为罗姆族儿童进行学前教育服务的能力。

[1] 资料来源于联合国儿童基金会官网。

二、学前教育的经验

（一）学前教育组织形式多样

北马其顿学前教育以公立幼儿园和儿童早教中心为主。法律允许私人或私立机构担任法人开设学前教育机构。因此，北马其顿也有少量的私立幼儿园和儿童早教中心。根据法律规定，各类学前教育机构提供多样化的学前教学服务，如全天和半天托育、短期托育、校外活动等。由于北马其顿不实行强制性的学前教育，多样化的学前教育形式为学龄前儿童家长提供了更加灵活的选择，让他们可以在家庭照顾和社会抚养之间做出平衡。

（二）学前教师学历水平要求较高

北马其顿《儿童保护法》对学前教师和其他教职员工的学历有较为明确的规定，所有从事 3 岁以上儿童学前教育的教职员工均需要具有本科以上学历。师资建设是欧洲大多数国家学前教育改革中的重要一环，师资水平对学前教育的质量具有重要影响。[1] 对学前教育教师较高的学历要求在一定程度上可以保障学前教育课程标准的有效实施和目标的落实，为儿童在学前教育阶段的身心健康发展提供有力的支持。

（三）学前教育体系整体欧洲化

与许多欧洲国家相似，北马其顿在学前教育领域实行了全面的欧洲化策略，在学制设置、课程设置、教师配置、教师资质、教学目标以及教学

[1] 贾铃铃，李林真. 欧洲学前教育事业的发展现状及其启示 [J]. 河南教育（幼教），2020（3）：20-24.

评估等方面全面借鉴和整合欧盟的学前教育政策和标准。[1] 学前教育的欧洲化使得北马其顿在成为独立国家的几十年间较快地建立了现代化的学前教育体系和标准，为北马其顿学前教育改革提供了较为清晰、明确的行动目标和行动指南。

第三节　学前教育的挑战和对策

一、面临的挑战

第二节概括了北马其顿学前教育的基本特征。进入 21 世纪以后，北马其顿逐步建立起了较为清晰和全面的学前教育政策和系统，对学前教育的各个方面都有较为清晰的规定和设计。然而，与相对清晰和全面的教育政策和系统形成鲜明对比的是北马其顿极低的学前教育入学率。2017 年，北马其顿仅有约 35% 的学龄前儿童入学学前教育机构，与欧盟教育目标设定的 95% 的学前教育入学率有很大差距。而且，在这不到 40% 的入学儿童中，有近半为 5—6 岁的学前班阶段儿童。换言之，处在 0—5 周岁的学龄前儿童的入学率比 35% 还要更低。这使得北马其顿的学前教育更多地处在一种“纸上谈兵”的尴尬境地。北马其顿教育和科学部发布的《2018—2025 年教育策略和行动计划》对这一问题有如下阐述：学龄前儿童总体入学率处在极低水平，现有学前教育机构不能为学龄前儿童，特别是有特殊需要的儿童，提供足够的学前教育机会。弱势群体儿童学前教育覆盖率极低，同时

[1] 刘萌然．整体发展的欧洲学前教育 [J]．福建教育，2020（29）：50-52.

还伴随着仍在增长的学前教育辍学率以及较低的学前教育毕业率。[1]

除了以上问题，《2018—2025年教育策略和行动计划》还对北马其顿学前教育遇到的其他挑战做出如下归纳。一是学前教育机构设施落后，国家规定的学前教育机构设施标准与学前教育机构实际情况不一致，多媒体设备教学几乎没有开展。二是现有的《标准》亟待修改。学前教育质量监管体系无法有效发挥作用，学前教育质量评估体系的有效性尚不清楚，学前教育中的多元文化教育重视程度不足，学前教育与其他阶段教育的衔接和合作不足。三是学前教育系统师资力量不足，对于学前教育机构中的管理者、学前教师、保育员、专业课程教师和技工的能力要求界定不够清晰，学前教育机构教职员工的职业培训和发展机制欠缺，与学前教育相关的职业资格证制度需要改进。四是政府部门对于学前教育机构的监督和管理不足，不同管理机构（如教育和科学部、劳动和社会政策部、地方自治政府部等）权责界限不清，政府与家长、社区以及工商业界合作联系不足，儿童学习成长记录系统仍需进一步发展。

二、提出的对策

针对上述学前教育面临的挑战，北马其顿教育和科学部在《2018—2025年教育策略和行动计划》中提出了四个需要优先解决的问题和相应的策略。[2]

[1] Ministry of Education and Science of the Republic of Macedonia. Education Strategy 2018—2025 and Action Plan[M]. Skopje: Ministry of Education and Science of the Republic of Macedonia, 2018: 29.

[2] Ministry of Education and Science of the Republic of Macedonia. Education Strategy 2018—2025 and Action Plan[M]. Skopje: Ministry of Education and Science of the Republic of Macedonia, 2018: 29-30.

（一）改进教学内容、教学环境设施以及学前教育供给

修改《标准》，并在此基础上改进学前教育的教学内容；改进学前教育形式，保证学前教育效果达到《标准》中的相关要求；优化每个班级中的儿童人数，更好地关注每一个学龄前儿童；提高学前教育和托育机构的硬件水平，为幼儿园提供必要的活动室、操场、教学用具和运动器材等设施；为学前教育和托育机构提供更为精细化的教学资源和材料；确保学前教育机构开展双语教育的能力，提高学前教育机构为不同文化背景的儿童提供教育服务的能力。

这部分的各项措施主要在2020—2025年实施，主要负责的部门为劳动和社会政策部、教育和科学部、教育发展局及各地地方自治政府。

（二）提高学前教育入学率和学前教育的包容性

通过保证学前教育入学机会的平等性为提升学前教育入学率打下基础；为有特殊需求的儿童提供更加良好的硬件设施和师资力量；修改当前教学材料并开发新的教学资源，使学前教育的教学内容和教学方法可以适应儿童的个性化需求；提高教师和家长对于有身心发展障碍的儿童参与学前教育的必要性的认识，为具有包容性的学前教育营造积极的道德和舆论环境；提高学前教育机构教职员工对有身心发展障碍的儿童提供高质量照顾的能力，从教学管理上提高学前教育的包容性。

这部分的各项措施主要在2020—2025年开展和实施，主要负责的部门为劳动和社会政策部、教育和科学部、教育发展局、卫生部、各地地方自治政府以及各学前教育机构。

（三）提升学前教育机构师资力量水平

更加清晰地规范学前教育机构中各个专业领域的教职员工的任职资质要求；确保新入职的教职员工工作能力完全符合《标准》的要求；建立和完善在职学前教育教师和各类员工的职业发展和职业培训制度，提高教师职业热情；修改学前教育机构教职员工任职资格证书体系，保证全部学前教育机构教职员工达到任职资质要求。

这部分的各项措施将在2025年以前实施落地，主要负责的部门为劳动和社会政策部、教育和科学部、教育发展局、国家考试中心以及各高等院校。

（四）加强学前教育相关立法、组织、管理工作及社会合作

加强负责学前教育的各个政府部门对学前教育机构的监管，完善儿童学业成长记录体系，对学前教育教师工作表现和儿童学习成果进行监督；建立可以让家庭和社区切实参与的学前教育工作规划和实施管理体系，更好地关注学龄前儿童和社区对于学前教育的需求；加强学前教育系统和儿童家长之间的联系和合作，构建家庭教育文化，促进家庭中的儿童抚养和学前教育。

这部分的各项措施均计划在2020年前完成实施，主要的负责部门为劳动和社会政策部、教育和科学部以及教育发展局。

可以看出，北马其顿政府部门提出的应对策略覆盖了学前教育的供给侧、需求侧以及监管方面，核心目的在于提高学前教育的整体入学率和教育质量。为配合以上应对策略，在《2018—2025年教育策略和行动计划》中，北马其顿教育和科学部还规定了数十项具体行动和相应的实施监督指标、截止日期以及负责部门。通过以上措施，北马其顿政府希望能够全面

提高北马其顿的学前教育覆盖程度、学前教育机构的软硬件水平，以及学前教育的实际成效。截至目前，上述政策和措施仍处在实施或准备实施阶段，最终成效如何需进一步观察。

本章概述了北马其顿学前教育发展和改革的历史、现状、挑战以及政府部门的对策。北马其顿学前教育发展改革起步较晚，但在近十余年间，通过一系列的措施，北马其顿建立起了对标欧盟教育标准的学前教育体系。然而，与较为完善和现代化的教育政策体系形成鲜明对比的是北马其顿极低的学前教育入学率以及较为短缺的学前教育机构和学前教育师资力量。这显示出了北马其顿在追求教育体系融入欧洲的过程中遇到的相对“先进”的教育标准体系与相对“落后”的社会发展水平之间的矛盾。北马其顿的政府部门直接借鉴和迁移了欧洲发达国家的学前教育组织形式和教学目标，但是缺乏根据本国社会现实、经济水平、民族文化等国情特点进行的本土化调整以及具体实施细则的设计。

在前述的各项矛盾中，北马其顿学前教育发展显著的障碍之一就是北马其顿政府在学前教育方面的资金投入严重不足。根据统计，2014 年欧盟国家学前教育的财政投入在国内生产总值的平均占比已经达到 0.59%[1]，而北马其顿 2017 年的学前教育和初等教育的总财政投入仅约占当年国内生产总值的 0.31%[2]，学前教育财政投入远低于欧盟国家平均水平。由于北马其顿学前教育以公立幼儿园和儿童早期发展中心为主体，政府财政投入不足直接导致了学前教育机构数量不足、设施落后、师资短缺等问题，从而限制了各项教育改革政策和措施的真正落实。

除了经济发展水平无法支撑其欧洲化的学前教育体系外，北马其顿对欧洲发达国家学前教育政策的直接借鉴还导致了其他问题和隐患。例如，

[1] 刘萌然．整体发展的欧洲学前教育 [J]．福建教育，2020（29）：50-52.

[2] Ministry of Education and Science of the Republic of Macedonia. Education Strategy 2018—2025 and Action Plan[M]. Skopje: Ministry of Education and Science of the Republic of Macedonia, 2018: 16.

北马其顿《儿童保护法》中规定学前教育机构的教师必须具有本科以上学历，这一规定与欧洲发达国家相同。对幼儿教师较高的学历要求固然可以在一定程度上提高学前教育的水平，但是脱离本国国情一味追求高学历的教师队伍也会造成师资力量的严重短缺。北马其顿《2019 年教育统计年鉴》中的数据显示，2018 年北马其顿的高等教育毕业生总人数仅 7 500 余人，且自 2014 年以来，高等教育毕业生人数呈现连续下降的趋势。[1] 符合任职学历要求的毕业生人数下降与北马其顿《2018—2025 年教育策略和行动计划》中期待的建设更多学前教育机构并实行较小班额教学的目标明显相悖。因此，北马其顿能否按时完成这一计划仍然是一个未知数。

纵观北马其顿学前教育的发展历史、改革和现状，在融入欧洲（欧盟）的大方向下，北马其顿较为快速地建立了现代化的学前教育体系。但是，由于北马其顿的社会经济发展仍然较为落后，无法支持政府实现同欧洲发达国家相同的学前教育供给，北马其顿实际的学前教育覆盖率、教学条件以及教学质量均与政府学前教育政策中的规划有着较大的差距。北马其顿学前教育的发展现实也对我国学前教育的发展与改革做出了警示，即我国的学前教育政策制定必须紧紧扎根于我国的国情和全国各地的社会经济文化发展水平，因地制宜地制定有中国特色和地方特色的学前教育体系，而不能简单照搬发达国家已有的经验，更不能脱离国情一味追求所谓的“先进”学前教育制度。

[1] Државен Завод за Статистика. Статистички годишник на Република Северна Македонија[R]. 2019: 205.

第五章 基础教育

北马其顿目前实行九年一贯制的义务初等教育（等同于我国小学及初中阶段教育）[1] 及二至四年制的义务中等教育（等同于我国高中阶段教育）。政府旨在为所有年龄段的儿童提供免费和平等的教育机会。初等教育和中等教育均不收取学费及教材费。单一结构的一贯制义务初等教育从 2007 年起开始实施，包含传统的小学和初中教育，总共分为三个阶段，每三年为一阶段，分别对应 6—9 岁、9—12 岁和 12—15 岁学龄段的学生。相较于单一结构的初等教育体系，北马其顿的中等教育体系更为多元。根据北马其顿《中等教育法》，北马其顿中等教育体系主要包含四种教育类型：普通高中教育（四年制）、职业高中教育（二至四年制）、艺术职业高中教育（四年制）及特殊教育。2017 年，北马其顿学前教育和初等教育共投入经费约 31 161 000 欧元，各类中等教育共投入经费约 21 370 000 欧元。[2]

本章主要关注北马其顿初等教育和普通高中教育的发展现状、经验、挑战及对策，有关职业高中教育的内容将在第七章“职业教育”中具体研究和讨论。

---

[1] 初等教育的马其顿语直译为“基本教育”（中文）或“primary education”（英文），因此，有时也会将初等教育直接称为小学教育，将提供一至九年级初等教育的学校统称为小学，而不再单独区分初中。但初等教育中的一至六年级和七至九年级学生所学的课程有较大差异，实际上可以近似理解为我国教育体系中的小学和初中。因此，为了行文方便和读者理解，有时也会使用小学指代初等教育中的一至六年级，初中指代初等教育中的七至九年级。

[2] Ministry of Education and Science of the Republic of Macedonia. Education Strategy 2018—2025 and Action Plan[M]. Skopje: Ministry of Education and Science of the Republic of Macedonia, 2018: 16.

第一节 基础教育的发展和现状

一、初等教育

（一）基本数据

截至2018年，北马其顿全国共有347所初等教育学校和700所卫星学校（即由中心学校开设的分校）。[1]所有初等教育学校均为公立，2018年，初等教育毛入学率达98.18%，净入学率达96.20%。[2]值得注意的是，尽管统计数字显示的入学率较高，但由于有一定数量的适龄学生（主要是罗姆族学生）没有正式的公民身份信息而无法统计其入学情况，因此，这一群体的入学水平无法完整体现在统计数据当中。事实上，北马其顿初等教育阶段的实际入学率与上述统计数据相比会更低。根据联合国教科文组织的统计数据，北马其顿15岁以上人口的文盲率比较低，98.8%的男性和96.7%的女性具有基本的读写能力。[3]

根据北马其顿教育和科学部的统计，2016—2017学年，全国共有45所特殊初等教育学校，共计194个班级，接收学生共809名，其中女生189名。此外，还有725名有特殊教育需求的学生在普通初等教育学校中就读。[4]

[1] Ministry of Education and Science of the Republic of Macedonia. Education Strategy 2018—2025 and Action Plan[M]. Skopje: Ministry of Education and Science of the Republic of Macedonia, 2018: 12.

[2] 资料来源于联合国教科文组织官网。

[3] 资料来源于联合国教科文组织官网。

[4] Ministry of Education and Science of the Republic of Macedonia. Education Strategy 2018—2025 and Action Plan[M]. Skopje: Ministry of Education and Science of the Republic of Macedonia, 2018: 13.

（二）学校建设和管理

北马其顿的初等教育学校由国家和地方自治政府共同负责建设和管理。地方自治政府主要负责为辖区内的适龄儿童建立足够的初等教育学校。在一些城市，地方政府还会在农村或偏远山区建设卫星学校或分校，以满足当地学生的入学需求。中央政府负责为有专门需求的学生（如有身心障碍的儿童或外国儿童）建立特殊教育中心或国际学校。同时，依据《成人教育法》，中央政府还负责向未完成初等教育的成年人提供接受初等教育的机会。此外，北马其顿还有初等音乐学校、初等芭蕾学校等专业类初等教育学校。

除了学校教育以外，北马其顿也会为身处矫正机构[1]、医院以及因为慢性疾病长期在家的适龄儿童提供接受初等教育的机会。

（三）入学原则和要求

与目前中国多数地区实行的政策相似，北马其顿初等教育也以就近入学为原则。家长或监护人有权为适龄儿童选择长期居住地附近的学校，初等教育学校也有义务接受所在区域内的适龄儿童入学。除了上述法定权利和义务外，如果家长希望为孩子选择其他学校或附近的学校无法用孩子的母语开展教学，家长也可以将孩子送至其他有接收能力的初等教育学校。为了方便学生上学，地方政府和学校会为居住在学校两千米以外的学生提供免费的校车接送。同时，学校也会为有需求的一至五年级学生提供课前和课后看护服务。

北马其顿的初等教育学校在每年 5 月开展招生录取工作。根据法律规定，当年年满 6 周岁的儿童均须开始接受初等教育。家长或监护人向居住地

[1] 包括监狱、管教所、社区矫正机构等。

附近的学校或自己选择的学校提交入学申请，同时需要提交儿童的疫苗接种记录以及由具备资质的机构出具的眼科和牙科检查记录。学校的校长会组织一个由三名成员组成的录取委员会处理家长提交的入学申请。录取委员会成员通常为教育、心理、健康等领域的专家和学校的教师。在录取残疾儿童时，儿童的家长或监护人还应该向学校提交一份由儿童和青年测评委员会出具的评估意见。学校会根据评估意见来确定该儿童需要何种学习支持和帮助。招生工作通常会持续 1 个月左右，所有录取学生的名单会在每年 6 月 15 日之前进行公示。

（四）年龄和学段划分

北马其顿实行九年一贯制初等教育，共分为三个阶段，每阶段三年，分别为一至三年级，四至六年级和七至九年级。一所学校中，相同年龄的儿童会被划分至同一年级，每个年级会划分出若干个班级。根据法律规定，每班学生数量不得超过 30 人。在得到批准的情况下，学校可以将每班人数划定在 20 人以内。由于条件限制，农村和偏远地区的卫星学校或分校通常会将 2—3 个年级的学生划入同一个班级进行混班教学。混编班级每班人数不超过 10 人。[1]

在一至三年级，学生的课程主要由全科教师教授，负责语文、数学等通用学科的教学。一般情况下，同一名教师会负责同一个班级三年的全部教学。除全科教师外，还会有英语教师和体育教师负责相应学科的教学。进入第二阶段，也就是从四年级或五年级起，学科划分开始细化。尽管这一阶段依然主要由全科教师负责授课，但越来越多的课程会逐渐由专门学科的教师接管。到了第三阶段，所有科目均由专门学科的教师讲授。

根据 2019 年最新修订的北马其顿《初等教育法》，身体残疾或有其他身

[1] 资料来源于欧盟委员会 Eurydice 数据库。

心障碍的学生也应进入一般的初等教育学校学习。为了保障有特殊教育需求的学生的正常学习，初等教育学校会为他们提供教育和生活助理、特教专家、学习技术支持以及量身定制的课程。特殊教育课程根据学生在不同阶段的需求和学习目标专门设定，目的是使学生能够获得独立生活、独立发展和独立建立社会关系的能力。课程内容包含运动和方向感知能力锻炼、盲文学习、言语训练以及辅助技术使用训练等。

（五）学年和学时

北马其顿每个学年于当年9月1日开始，次年8月31日结束，共包括180个教学日，冬季和夏季各有一个假期。在初等教育学校中，每周一至周五为教学日。根据学校的不同情况（如教室数量、师资力量、学生数量等），一部分学校会提供全日制教学，一部分学校会根据学生年级以及教学语种的不同，分上午班和下午班两个批次进行教学。

初等教育学校每个课时包括40分钟教学、5分钟课程中休息，以及15分钟课程间休息。对于一至五年级的学生，学校还会提供课后留校照顾，学生可以在教师的组织下参与各种课外活动。

（六）课程设置

北马其顿初等教育阶段的课程计划主要由教育发展局提出，教育和科学部批准后实施。课程计划分为初等教育总体课程规划和各学科具体课程规划。总体课程规划主要包括必修科目和选修科目，确定各科目的全年总课时数和每周课时数，以及课外的学习安排。各学科具体课程规划包括该门课程的教学目标和目的、教学内容、基本概况、教学活动、教学方法、预期教学成果及评估方式等。课程规划还会对授课教师提出具体教学要求。

表 5.1 列出了北马其顿初等教育阶段学生的必修科目。可以看出，初等教育阶段学生的必修科目数量较多，从最初的 8—9 门逐步增加到最终的 15 门或 16 门。[1][2]

表 5.1 北马其顿初等教育阶段必修科目

年级	科目	备注
一至九年级	语文	各民族学生分别学习各自的母语（包括马其顿语、阿尔巴尼亚语、土耳其语、塞尔维亚语和波斯尼亚语等）
	马其顿语	母语非马其顿语的学生须学习
	数学	
	英语	
	艺术	
	音乐	
	科学	
	社会学	
	体育	
三至五年级	计算机	
六至七年级	信息学	
六至九年级	地理	
	历史	
	第二外语	通常为英语以外的其他外语
七年级	伦理道德	
七至九年级	生物	
八至九年级	物理	
八至九年级	化学	
九年级	创新	

[1] Ministry of Education and Science of the Republic of Macedonia. Education Strategy 2018—2025 and Action Plan[M]. Skopje: Ministry of Education and Science of the Republic of Macedonia, 2018: 31.

[2] 资料来源于欧盟委员会 Eurydice 数据库。

除了上述必修课程，北马其顿的初等教育还在不同年级提供了多种多样的选修课。从三年级起，学生可以选修罗姆语言文化、波斯尼亚语言文化、弗拉赫（阿罗马尼亚）语言文化；从六年级起可以选修阿尔巴尼亚语、民族宗教、宗教历史、欧洲古典文化；从八年级起可以继续选修信息学。此外，还有一些不限年级的选修课，如环境教育、国家教育、传统舞蹈、音乐艺术、视觉艺术、技术教育、体育运动和编程等。三年级到九年级期间，学生至少要选择一门选修课程。

除了校内的必修课和选修课，北马其顿初等教育学校还会要求学生参加学校所在社区的活动。北马其顿教育发展局与教育和科学部希望学生通过参与社区活动发展个人和社会情感能力。此外，针对学习有困难的学生，根据学生或其家长和教师的要求，学校从二年级起提供额外的课程支持来帮助学生取得课程目标要求的学业成绩。对于在某些学科上成绩突出的学生，学校也会为其提供额外的课程来帮助其发展特长。

（七）教学方法和教材

北马其顿教育发展局制定的课程计划为每个学科设定了具体的课程目标和教学内容，还对每门学科的教师职业资格、教学方法、课堂设置、学习评估等制定规范并提出建议。国家课程计划鼓励教师使用不同的教学方法和新技术来促进学生自主学习能力和批判性思维的发展。教师可以在国家课程计划的基础上自主调整教学方案，实施课堂教学。

《初等和中等教育教材法》规定，初等教育学校的教材应根据教育发展局提出并经过教育和科学部批准的教材大纲编写。教材大纲根据学生的年龄和语言文化背景确定各学科教材的编写方法、教育功能、学习目标、内容选择规范、补充学习材料、附图和编写使用的语言等。在全国范围内，每门学科仅批准使用一套教材。对于经过批准可以使用国外改编教材的学科，教育和科学部可以依法批准学校额外采购一套辅助教材供学生和教师使用。儿童文学作品和杂志也可以经教育和科学部下设的委员会批准后作为初等教育教材使用。

北马其顿政府为所有学生提供免费使用的教材，但在每个学年结束时学生需要将教材返还给所在学校。

（八）学习考核

北马其顿初等教育学校会在学期末和学年末对学生的学习成果进行考核，并向家长反馈。初等教育阶段学生的学习成果考核包括形成性评价和总结性评价，并根据学生的口试成绩和笔试成绩确定最终的期末成绩。对于一至三年级的学生，每门学科的期末考核成绩仅为描述性的学习成果反馈；对于四至六年级的学生，期末考核成绩包括描述性的学习成果反馈以及考试分数；对于七至九年级的学生，期末考核成绩为考试分数。北马其顿的初等教育使用 5 分制的考试评分规则。1 分为不及格，2 分为及格，3 分为良好，4 分为优秀，5 分为出色。第一学期期末，学校会向每位学生和家长发送成绩单；第二学期期末，学校会向每位学生和家长发送全学年的正式成绩证明。除纸质成绩单外，家长也会在每学年的家长会上收到自己孩子的学习成绩反馈。

有身心障碍的学生的考试时间和考试期间的休息时间更长，学校还会为他们提供盲文试卷或大字号试卷，并允许教育助理帮助其阅读试题和使用辅助电子设备等。

每学年的学习考核结束后，学校会根据成绩判断学生是否适合进入下一年级的学习。一至五年级的学生原则上不会留级，只有在特殊情况下，如过低的学业成绩、生病等，学校才会在家长和教师的申请下或者由授课教师共同讨论后允许留级。从六年级起，如果学生这一学年修读的全部课程中有两门或两门以上不合格，则需要补考。根据北马其顿政府的规定，学校有义务为需要补考的学生提供额外的课业指导。课业指导一般在每年6月进行，指导时间不得少于需补考科目计划课时的30%。如果学生参加完课业指导后考试依然不及格，则需要在6月或8月再次补考。如果还是不合格，则要留级复读。

此外，根据北马其顿《初等教育法》的规定，学业成绩极为突出的学生可以选择跳级，每名学生在初等教育阶段最多可以跳级两次。

二、普通高中教育

与形式和结构单一的初等教育不同，北马其顿的中等教育组成结构较为复杂，包括普通高中、职业高中、艺术高中及“高中后”非学历教育等多种教育形式。本章我们主要关注普通高中教育。

（一）基本数据

北马其顿《2019年教育统计年鉴》数据显示，北马其顿共有77所普通高中，28 698名在校学生，其中女生15 202名。普通高中的教学语言主要为马其顿语，也有少量学校以阿尔巴尼亚语、土耳其语和英语作为教学语言。自2014年以来，北马其顿的高中在校生数量和毕业生数量都呈现逐年下降的趋势。[1]

不同于完全公立化的初等教育，北马其顿的高中教育以公立高中为主，同时也允许设立私立高中。公立高中分为地方自治政府设立的高中、斯科

[1] Државен Завод за Статистика. Статистички годишник на Република Северна Македонија[R]. 2019: 206-210.

普里市市属高中以及国立高中。根据《中等教育法》的要求，不论学生就读的是什么类型的高中，所有高中均免费，并为学生提供免费教材。如果学生居住在距离学校 2.5 千米以外的地区，学校会为学生提供免费的交通换乘方式。如果学生的居住地与就读学校不在同一学区，学校会为学生提供免费的交通换乘方式或校内宿舍。

每年 3 月 31 日前，北马其顿教育和科学部会根据《中等教育法》的规定发布当年的高中招生公告。所有年龄不超过 17 周岁且已经完成初等教育的学生，无论何种种族、性别、宗教信仰、母语、家庭背景，均可以申请入读普通高中。在同等条件下，外国人也可以申请就读北马其顿的公立高中。如果年龄超过 17 周岁但依然希望就读高中的学生，可以申请以非全日制形式就读。

北马其顿学生通常在 15 周岁左右开始进入高中。学校会根据班级和学生的年龄段等组织各类教学活动。每个班级的人数通常为 25—34 人不等，在学校申请和教育和科学部批准的情况下，个别班级的人数可以少于 25 人。[1]

（二）学制

北马其顿普通高中学制为四年。每个学年从当年的 9 月 1 日开始，至次年的 8 月 31 日结束。每个学年分秋季和春季两个学期，两个学期间有为期 3 周的寒假，学年末有 2 个月左右的暑假。高中一至三年级每个学年共有 36 个教学周，四年级有 33 个教学周。通常在一个学年内，学生上课时间应不少于 180 天；但在遭遇自然灾害或疫情等特殊情况时，教育和科学部可以酌情减少学生的上课天数，最低可减至 100 天。

除了教学课时外，学校也会组织一些课外活动。学校每年的课外活动

[1] 资料来源于欧盟委员会 Eurydice 数据库。

计划需要经过当地教育管理机构的批准。除学校外，教师协会也会组织体育类、艺术类或学科类竞赛。在寒暑假期间，学校还会组织不同主题的冬季学校课程或暑期学校课程。

与我国高中每周的安排相似，北马其顿高中每周周一至周五为教学日。然而，与我国高中教学管理方式不同，北马其顿高中实行半日制教学。学校会根据学生人数，将学生分为上午班和下午班两个批次。每个批次的学生每天上 6—7 门课，一节课时长 45 分钟。根据学生的学习成绩，学校会为学习较为吃力的学生组织额外的课后学业辅导，也会为学习成绩较好的学生组织额外的课外活动。表 5.2 为北马其顿高中教学日的基本日程安排。

表 5.2 北马其顿高中教学日基本日程安排 [1]

	额外辅导（课前）	上课时间	用餐时间	上课时间	额外辅导（课后）
第一批次（上午）	—	8：00—10：00	10：00—10：30	10：30—13：45	学业辅导或课外活动
第二批次（下午）	学业辅导或课外活动	14：00—16：00	16：00—16：30	16：30—19：45	—

（三）课程设置

北马其顿普通高中课程的教学分为两个阶段。高中一、二年级学生主要学习各种必修课程，课程内容与初等教育衔接。除了初等教育中已有的必修课（如语文、数学、英语、第二外语等）外，北马其顿政府还要求学校为学生开设创新和创业必修课程。从高中三年级开始，学生会根据自己

[1] 资料来源于欧盟委员会 Eurydice 数据库。

的兴趣和专长在自然科学和数学、人文和社会科学、语言和艺术学这三个方向中选择一个方向修读两门课程。自然科学和数学方向的学生可选择数学、计算机科学、化学及生物，人文和社会科学方向的学生可以选择人文学和社会学，语言和艺术学方向的学生可以选择语言学和艺术学。此外，高中三年级的学生会有一门编程必修课并继续修读创新与创业课程。到了高中四年级，创新与创业课程会被商业与创业必修课程取代。除了上述各类必修课程和必须选修的课程（即方向课），北马其顿高中还会根据自身的条件提供一些选修课程，包括体育运动（如足球、篮球、手球和网球等项目）、创意学、音乐以及视觉艺术类课程。除了必修课和选修课，北马其顿高中的课程还包括“项目任务”。这一课程与中国高中的“研究性学习”课程类似，即学生根据个人的兴趣和喜好选择在某一个学科领域独立开展研究和解决问题。

根据北马其顿政府和法律的规定，北马其顿高中一年级学生每周总计有 29 个课时（每学年 1 044 个课时），高中二年级学生每周总计有 31 个课时（每学年 1 116 个课时），高中三年级学生每周总计有 29 个课时（每学年 1 044 个课时），高中四年级学生每周总计有 29 个课时（每学年 957 个课时）。此外，学生在高中期间，还应该有不少于 70 小时的“项目任务”研究学习时间。总体来说，在北马其顿的高中课程设置中，必修课程占总课时的 80%，选修课程占总课时的 20%。[1]

（四）教学评估与毕业考试

北马其顿高中阶段的教学评估主要分为两个部分，一部分是由学校教师组织实施的校内课程考试和评估，另一部分则是由国家考试中心负责组

[1] NUFFIC. Education System North Macedonia[R]. 2019: 7.

织实施的学校毕业考试（school matura）及国家毕业考试（national matura）。

高中的课程考试采取和初等教育阶段相同的5分制评分标准，1分为不及格，2分为及格，3分为良好，4分为优秀，5分为出色。除了考试，公立高中还会对学生的日常品行进行评定，评定结果分为优秀、良好和不合格。

在每学年末，学生如果所有科目均取得合格及以上的成绩，则可以升入下一年级。如果有一门或两门科目的考试成绩为1分（即不及格），则需要参加补考，补考通过后方可进入下一年级。如果有三门或三门以上不及格的科目，那么就必须留级重修。根据学生的学科考试成绩，学校可以为成绩不理想的学生安排额外的补习，也可以为成绩突出的学生设立快速班级，使有天赋的学生在自己擅长的领域得到进一步的发展和提高。

国家毕业考试和学校毕业考试是北马其顿教育体系中重要的一环，是衔接北马其顿中等教育和高等教育的重要考试。matura一词来源于拉丁语，意思是“中学离校考试”或“中学毕业考试”。如今，包括北马其顿在内的十余个欧洲国家的中学毕业考试都被称为matura。

在北马其顿，如果高中毕业生要申请进入高等教育机构学习，则必须参加国家毕业考试；如果学生在高中毕业后不准备继续深造，则只需要参加学校毕业考试。

北马其顿国家毕业考试于2007—2008学年正式推行，考试内容包括语文（马其顿语、阿尔巴尼亚语或土耳其语）、数学、外语（英语、法语、德语或俄语），两门选考科目以及一门“项目任务”。选考科目包括美学、哲学、化学、物理、生物、历史、社会学、商业、信息学和地理。“项目任务”要求学生在教师指导下独立开展探究并撰写一篇研究性文章，可选择的研究主题包括马其顿语言文学、数学、物理学、生物学和社会学等，一般需要在笔试考试前一年的11—12月提交。北马其顿国家毕业考试的笔试每年会举办两次。第一次的考试时间为6月，第二次的考试时间为8月。通常情况下，应届高中毕业生会在6月参加笔试，如果因为某种原因无法参加第一次考试，则可以在当年8月参加第二次笔试。根据北马其顿国家考试中心发布的公告，北马其顿2021年国家毕业考试的日程安排如表5.3所示。

表5.3 2021年北马其顿国家毕业考试日程[1]

日期	考试科目
2020年11月30日前	提交“项目任务”文章
2021年5月29日	语文（马其顿语、阿尔巴尼亚语、土耳其语）
2021年6月5日	外语（英语、法语、德语、俄语）
2021年6月11日	两门选考科目（美学、哲学、化学、物理、生物、历史、社会学、商业、信息学、地理）
2021年6月14日	数学

第二节 基础教育的特点和经验

一、基础教育的特点

北马其顿自2007年起全面实行义务基础教育，所有适龄儿童均需接受初等教育和中等教育。图5.1展示了北马其顿现行的基础教育制度的基本结构。北马其顿的初等教育为单一结构制，共分为三个阶段，每个阶段持续三年，涵盖小学阶段和初中阶段的学习。完成初等教育后，学生可以根据个人意愿选择职业中等教育或普通中等教育。北马其顿的职业中等教育种类较多，分为两年制的职业培训、三年制的职业中学、四年制的职业中

[1] 资料来源于北马其顿国家考试中心官网。

学和四年制的艺术中学。普通中等教育则基本等同于中国的普通高中，但学制为四年。所有就读四年制中等教育学校的学生均可参加国家毕业考试，并根据国家毕业考试成绩申请大学。

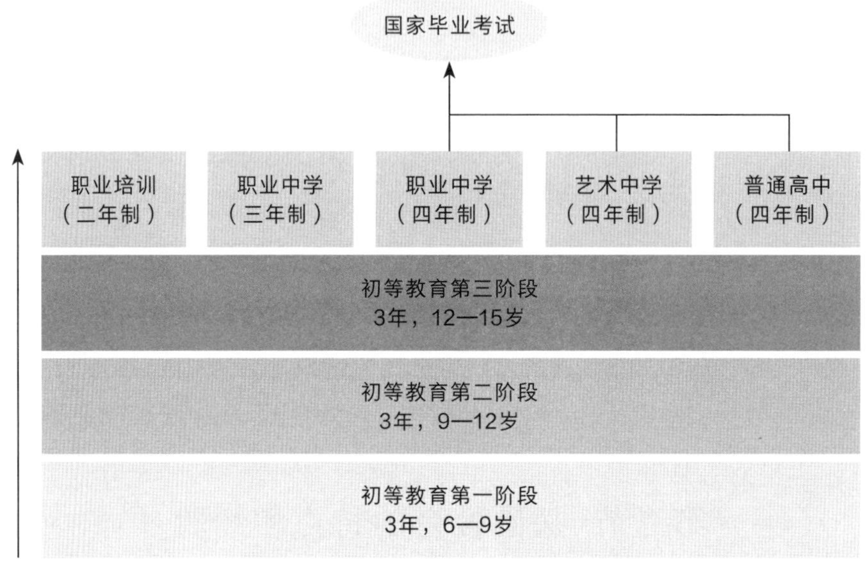

图 5.1 北马其顿基础教育结构 [1]

二、基础教育的经验

北马其顿《初等教育法》和《中等教育法》等法律和政策强调基础教育的公平性、普遍性和文化多元性。国家为学生提供免费的教材，并为居住地远离学校所在地的学生提供免费的交通和住宿。所有学生均有权利使用自己的母语接受教育，中小学使用马其顿语、土耳其语和阿尔巴尼亚语

[1] 资料来源于北马其顿教育和科学部官网。

授课。自2012年起，北马其顿政府实施了为期5年的多元族群融合教育计划，通过建立学校与民间团体的联系，为学生、家长、教师、行政部门和学校委员会组织各类文化活动，营造有利于多元族群融合的良好氛围。通过上述措施，北马其顿政府希望为所有北马其顿的适龄学生提供良好的学习机会和学习环境。

在课程设置方面，除了基础课程，北马其顿的基础教育还注重学生创新创业能力的培养。从九年级起，学校就开始为学生开设各类与创业和创新相关的必修课和选修课。作为学生学习能力发展的重要阶段，中学期间开展创新创业教育更有利于学生创新精神和创业能力的培养。[1]美国、英国、澳大利亚和新西兰等国家在20世纪末就开始了中学创业教育的推广。作为一个建国时间较短且国土面积和人口规模都较小的国家，北马其顿在基础教育阶段就开始推广创业教育可以为本国融入世界经济大环境、开拓本国的发展机会提供更强的原动力和人才支持。相比之下，我国的创新创业教育主要集中在高等教育阶段，中小学创新创业教育发展较为缓慢。[2]根据清华大学二十国集团创业研究中心和启迪创新研究院联合完成的《全球创业观察2016/2017中国报告》，超过70%的中国创业者认为自己尚不具备足够的创业能力，超过50%的中国初期创业者为大专（不含）以下学历，在基础教育阶段加强创业教育可以为我国广大的初期创业者提供帮助。因此，我国可以借鉴、参考包括北马其顿在内的其他国家的经验，在基础教育阶段逐步推广和普及创新创业教育。

[1] 周劲波，郑艺杰．国外中学创业教育研究 [J]．职业教育研究，2016（12）：85-90.

[2] 张务农．大中小学创业教育衔接问题研究 [J]．教育发展研究，2013（33）：68-72.

第三节 基础教育的挑战和对策

一、面临的挑战

北马其顿的基础教育面临的挑战主要在课程与教材、教学管理、师资和教师发展、教学质量把控、资金与设施等方面。

北马其顿基础教育阶段使用的教材由国家统一指定出版，每门学科仅有一套专用教材。单一的供给使得教材编写缺乏竞争力，产生了教材内容过时、无法适应学生认知和情感发展需求、缺乏现代教学技术的支持、无法反映社会发展现状等问题。部分教材中还存在偏见或对特定族群进行污名化的内容，缺少多元社会和多元文化方面的内容。过时的教学内容无法为学生提供合适的学习资源，也限制了教师的教学活动。

在教学管理上，北马其顿的初等教育主要面临多元族群和多元文化融合不足的问题。北马其顿的中小学通常根据学生的母语安排不同族群的学生在不同的时间段、不同的教学楼层以及不同的班级中学习。这样的管理方式使得来自不同族群和文化背景的学生彼此缺少交流互动的机会。同时由于缺少指导和激励，教师在日常教学中也往往忽视平等和多元化的教育。

罗姆族学龄儿童入学率低也是北马其顿在全面普及义务基础教育时面临的一个重要挑战。由于罗姆族儿童家长的受教育程度和社会经济地位相对较低而且马其顿语水平有限，家长将适龄儿童送入学校的意愿不强。同时，已经入学的罗姆族儿童也有辍学率高、读写能力较低的问题。如同在本章开始时讨论的，由于许多在北马其顿生活的罗姆族群体没有正式的官方身份，因此，很难统计出罗姆族儿童的实际入学水平。这也使得北马其顿政府在提高罗姆族适龄儿童入学率和保障罗姆族儿童完成义务基础教育方面面临巨大的挑战。

北马其顿的基础教育在师资力量和教师职业发展方面同样面临挑战。北马其顿法律规定，除学科教师外，中小学还应配备心理学专家、教育专家、特殊教育辅助人员等专业技术人员。然而，在实际中，许多学校无法配备足够的教学辅助专业人员。即便在配备了相关人员的学校，这些专业技术人员也经常需要承担大量的行政管理工作或与本专业无关的工作，使得学校中需要相关专业辅助的教师和学生无法及时得到帮助。语言问题也是困扰教学辅助人员开展工作的一个挑战，学校往往无法提供除马其顿语以外的其他语言教育辅助服务。除了各类教师和专业人员数量不足，学校管理人员也面临短缺问题。根据经济合作与发展组织的统计，2017—2018学年，北马其顿有超过三分之二的初等教育学校为卫星学校。[1] 卫星学校的领导层通常同时管理着多所学校，但卫星学校一般地处偏远地区，各学校间距离遥远，交通不便，使得学校领导和管理人员很难同时兼顾多所学校的管理工作。

除了学校中各类人员紧缺，北马其顿基础教育阶段的教师还面临着培训不足的挑战。教师无论是在就职前还是在就职后都缺乏职业发展方面的培训和指导。如同上文中提到的，学校中的教学辅助专业人员短缺，使得教师在教学当中遇到问题的时候（如使用现代教学技术）很难得到及时的帮助。

北马其顿基础教育面临的另外一个严峻挑战是缺乏教学质量把控，学生学习成效低。除了国家统一的毕业考试外，北马其顿的基础教育缺乏统一、完整的学业考核体系。尽管国家在课程标准中明确了基础教育阶段学生需要发展的学科能力、认知情感能力、思维能力等多方面的学习和社会能力，但在实际考核中依然只关注知识的记忆，未能很好地考查学生综合能力的发展。除了缺乏教学质量把控，北马其顿学生的学习成果也不理

[1] OECD. OECD reviews of evaluation and assessment in education: North Macedonia[M]. Paris: OECD Publishing, 2019: 63.

想。经济合作与发展组织针对北马其顿教育评估体系的报告认为，大部分的北马其顿学生在进入到下一学段的学习时并没有具备应有的知识和学习能力。在 2018 年国际学生评估项目（Programme for International Student Assessment，以下简称 PISA）针对全世界 79 个国家和地区 15 岁学生的抽样测试中，北马其顿学生的阅读理解能力、数学能力和科学能力均处于较低水平，位列全部 79 个国家和地区的后三分之一。从每位学生的平均教育投入和成绩的关系来看，北马其顿学生的成绩（2015 年的 PISA 科学科目成绩，下同）为 384 分，远低于匈牙利（477 分）和斯洛伐克（461 分）等平均教育投入水平与其相似的国家，甚至低于平均教育投入仅为北马其顿约一半的阿尔巴尼亚（427 分）。[1]

教育投入水平和学生学业成绩不成正比反映了北马其顿基础教育面临的另一挑战，即有限的教育资金使用效率低下。受限于北马其顿的社会经济发展水平，北马其顿基础教育阶段公共教育投入较低，造成了很多学校尤其是卫星学校的教学设施年久失修、学生活动设施缺乏、师资力量不足等问题。面对本就有限的教育资金，北马其顿政府却没能高效配置和使用这些资金。2007—2008 学年，北马其顿政府推出“一人一台电脑”计划，旨在为全部在校学生配备电脑。为实现这一计划，北马其顿政府拨付了约 6 000 万欧元，占当年全部教育经费（包括学前教育、基础教育、高等教育、教育研究等全部公共教育开支）的 19%。这一计划虽然显著提升了北马其顿学生的电脑拥有比例，至每人 0.66 台，使之接近经济合作与发展组织成员的平均水平（每人 0.77 台），但是到目前为止，没有证据表明学生电脑拥有比例的提高在何种程度上提升了北马其顿学生的学业成绩水平。同时，由于电脑更新换代较快，根据这一计划采购的电脑目前已经全部过时，如果更新电脑，将再次产生一笔巨额费用，进一步给北马其顿的教育财政造成困难。

[1] OECD. OECD reviews of evaluation and assessment in education: North Macedonia[M]. Paris: OECD Publishing, 2019: 22.

二、提出的对策

针对前述的基础教育阶段的挑战，北马其顿教育和科学部在《2018—2025 年教育策略和行动计划》中提出了四项主要的对策及其预期成效。[1]

（一）改善基础教育的教学内容

根据不同年龄段学生的特点、需求和实际情况，明确初等教育和中等教育每个阶段的预期学习成果；初等教育要着重培养学生的批判性思维和解决问题的能力，引导学生尊重多元社会和多元文化，接受民主价值；中等教育要着重引导学生理解人权和尊重多元社会和多元文化；确保基础教育阶段的全部学段和全部课程都能够符合国家标准，并能够做好初等教育和中等教育的衔接；保证基础教育阶段的学生可以拥有高质量且更新及时的教材。

（二）提高基础教育阶段的入学率及不同族群学生间的融合程度

为有身心障碍的学生提供合适的学习设施；为有特殊教育需求的学生提供包容的学校环境和必要的学习支持；为有特殊教育需求的学生的学习提供充足的资金保障；促进不同母语背景的学生之间的交流；为使用非通用语言的学生提供更多的教学指导和帮助；为身处矫正机构的适龄学生提供接受基础教育的条件；将所有适龄学生纳入义务教育，并确保所有学生完成义务教育。

[1] Ministry of Education and Science of the Republic of Macedonia. Education Strategy 2018—2025 and Action Plan[M]. Skopje: Ministry of Education and Science of the Republic of Macedonia, 2018: 35-36, 40-41.

（三）改善基础教育学校的学习条件和教学质量

以学生为中心，改善学校的学习环境，为有天赋的学生创造更适合他们的发展机会；为学生和教师提供充足的学习辅助设施、训练器材、学习材料等，为有身心障碍的学生提供适当的辅助学习技术，为师生提供安全的饮食；提高所有课程的教学成效，提高学校设施和学生课外学习时间的使用效率；提高学生的数学和自然科学学习成绩，并依据国际标准对学生的数学和科学能力进行实际考查和检验；确保教育政策是根据教学评估的实际结果来制定；增加学生民主地参与学校生活的机会；为学生提供全面和有效的信息，确保初等教育毕业生能够选择合适的高中（如普通高中或各类职业高中）；确保高中毕业生能够升入合适的大学或直接开始工作。

（四）优化基础教育阶段学校的人力资源

提高入职前教师的综合能力和素质，为新入职的教师提供足够的培训和支持，确保他们可以达到国家标准，并有足够的能力处理日常教学工作；持续提高教师的专业素养和职业能力，激发教师的工作积极性；确保为所有教师提供足够的教学支持服务；确保基础教育阶段学校的校长有足够的专业能力、管理能力和领导力。

本章主要探究了北马其顿初等教育和普通高中教育的发展、现状、经验、挑战及对策。自 2007 年教育改革以来，北马其顿全面实行义务基础教育，包括九年制的初等教育和二至四年制的中等教育。国家不收取基础教育学费，并为所有学生提供免费的教材，为有需要的学生提供免费的交通换乘方式及校内住宿。除了培养学生语文、数学、科学、社会等基础学科能力，基础教育阶段还关注学生创新创业、适应多元文化社会等能力的培养。在完成九年初等教育后，学生可自由选择是进入四年制普通高中或是二至四年制的各类职业高中。在高中毕业后，学生可选择参加国家毕业考试并申请进入大学学习，或参加学校毕业考试后进入就业市场。较为多样化的培养路径为学生多样化的发展提供了可能。

与学前教育面临的情况相似，北马其顿较为落后的社会经济条件和专业人才的短缺使得北马其顿在实现其基础教育目标时面临巨大挑战。例如，尽管北马其顿教育和科学部明确提出要培养学生尊重和适应多元社会及多元文化的能力，然而在实践中，由于学校设施和教师数量有限，学生往往会按照其母语背景被分到不同的批次、不同的楼层和不同的班级上学。这使得来自不同族群和文化背景的学生在学校中很难有接触和交流的机会，阻碍了学生适应多元文化能力的发展。此外，由于北马其顿教育投入有限，占基础教育学校近三分之二的卫星学校普遍面临着设施落后、师资和管理人员缺乏的问题。 除了社会经济条件的限制，北马其顿学生的学业成绩与世界其他国家的同龄学生相比也处于弱势。在 2015 年和 2018 年两次 PISA 国际评测中，北马其顿 15 岁的学生在语言阅读理解、数学和自然科学上的评分均低于国际平均水平，甚至落后于一些教育投入少于北马其顿的国家。这反映了北马其顿的教育管理和质量把控体系亟待提升的现实问题。经济合作与发展组织针对北马其顿教育评价体系的报告指出：北马其顿虽然设有国家教育督查局、国家考试中心及教育发展局等教育管理部门，但是这些部门无法有效地制定和执行教育政策，对北马其顿教育政策的制定缺乏影响力。经济合作与发展组织在对北马其顿教育评价体系进行调研期间，发现北马其顿国家考试中心“甚至中心主任职位都处于空缺状态，而且没有负责心理测量和信息技术工作的员工”。[1]

北马其顿作为一个经济发展较为落后的欧洲国家，一方面受到欧洲发达国家的影响，在制度上构建了一套较为现代化的基础教育体系；但是另

[1] OECD. OECD reviews of evaluation and assessment in education: North Macedonia[M]. Paris: OECD Publishing, 2019: 24.

一方面，由于受自身社会经济条件的限制，在很多方面无法达到和欧洲发达国家一样的实际水平。这种现代化的教育体系与不充分、不平衡的社会经济发展之间的矛盾不仅是北马其顿，也是许多发展中国家在发展基础教育时遇到的困难和挑战。因此，对北马其顿基础教育的探究可以为研究类似国家的教育发展提供参考和借鉴。

第六章 高等教育

第一节 高等教育的发展和现状

一、发展概况

北马其顿的高等教育发展开始于前南斯拉夫时期。1949 年，北马其顿第一所高等教育学校斯科普里大学在斯科普里设立。这是北马其顿迄今为止最古老、规模最大的高等教育机构。北马其顿的第二所高等教育机构是 1979 年设立的比托拉大学。1991 年独立以前，北马其顿的高等教育曾有较快速的发展。1987 年，北马其顿高校在校学生人数已经达到了 34 418 人。[1] 1991 年独立后，由于政局不够稳定以及与希腊的国名之争（详见第一章）造成对外交往受阻等原因，北马其顿高等教育发展一度较为缓慢。直到 2003 年北马其顿签署加入“博洛尼亚进程”，北马其顿高等教育才开始现代化改革。按照“博洛尼亚进程”的要求，北马其顿致力于建立一套符合欧洲学分转移和累积系统的高等教育体系。2008 年，《高等教育法》颁布，进一步以法律的形式确认了北马其顿融入欧洲高等教育体系的决心。

[1] STAMBOLIEVA M. Higher education systems and institutions, Macedonia[M]//TEIXEIRA P, SHIN J. Encyclopedia of international higher education systems and institutions, Dordrecht: Springer, 2018: 1-5.

经过十余年的改革和发展，北马其顿目前的高等教育体系包含本科（first cycle）、硕士研究生（second cycle）和博士研究生（third cycle）三个学习层次。[1] 表 6.1 展示了北马其顿三个学习层次包含的学习类型、学制以及对应的国际教育标准分类（ISCED）等级。第一层次包括本科层次的学术高等教育和职业高等教育，第二层次包括硕士（学术）教育和专业学位职业教育，第三层次为博士教育。本节第三部分将对这三个学习层次的特点进行更为详细的介绍和探究。

表 6.1 北马其顿高等教育体系

学习类型（学制）		开始年龄（岁）	轮次	国际教育标准分类等级
学术高等教育（3—6 年）	职业高等教育（3 年）	18	第一轮次	6 级
硕士（学术）教育（1—2 年）	专业学位职业教育（1—2 年）	22/23	第二轮次	7 级
博士教育（3 年及以上）		24/25	第三轮次	8 级

根据统计，北马其顿目前共有 28 所高等教育学校。[2] 北马其顿高等教育学校的类型较多，主要有大学、学院、艺术学院、高等职业学校、科学研究所、宗教学院等。本节第二部分将对北马其顿的高等教育机构的分类进行详细介绍。根据北马其顿《2019 年教育统计年鉴》的数据，2018—2019 学年，北马其顿高等教育在校学生共 53 677 人，其中女生 30 352 人，大学在读

[1] 在北马其顿教育体系中通常使用第一轮次（cycle）、第二轮次和第三轮次来指代这三个层次的高等教育。本书中，为了便于读者理解，我们直接使用本科、硕士研究生和博士研究生来分别指代这三个高等教育层次。

[2] 资料来源于欧盟委员会 Eurydice 数据库。

女生数量明显多于男生。高校毛入学率[1]为 34.26%，这显示北马其顿高等教育仍未达到普及程度。具体来看，北马其顿超过 93% 的高校在校学生就读本科阶段课程（ISCED 6 级），约 6% 的学生就读硕士研究生阶段课程（ISCED 7 级），仅 0.46% 的学生就读于博士研究生阶段课程（ISCED 8 级）。[2] 2018 年，北马其顿共有 7 548 人完成本科阶段学习，1 885 人完成硕士研究生阶段学习（包括硕士学位和专业学位），243 人完成博士研究生阶段学习。[3] 表 6.2 是 2018 年按专业领域划分的北马其顿本科毕业生人数统计。[4]

表 6.2 本科毕业生专业和毕业人数统计

专业	自然科学和数学	技术科学	医学	生物科技	人文和社会科学
人数	407	1 217	928	323	4 673

2018—2019 学年，北马其顿全部高等教育学校中共有教师 3 101 人，其中大部分教师（共 2 520 人）任教于公立高校；根据职称分类统计，北马其顿高校共有教授 1 266 人，副教授 1 725 人，讲师及高级讲师 49 人，高等职业教育教授 29 人，高等职业教育讲师 32 人。[5] 北马其顿高等教育机构的师资力量分布差异悬殊，斯科普里大学共有 1 425 名教师，而奥赫里德的信息科学与技术大学仅有 17 名教师。[6]

2017 年，北马其顿在高等教育领域投入的经费约为 9 800 万欧元。[7]

---

[1] 计算方法为：高校在校学生数 /18—23 周岁人口数。

[2] 资料来源于欧盟委员会 Eurydice 数据库。此处为欧盟资料数据，使用“超过”“约”等约数表达方式，因此存在和不等于 100% 的情况。

[3] Државен Завод за Статистика. Статистички годишник на Република Северна Македонија[R]. 2019: 242, 251.

[4] Државен Завод за Статистика. Статистички годишник на Република Северна Македонија[R]. 2019: 205.

[5] Државен Завод за Статистика. Статистички годишник на Република Северна Македонија[R]. 2019: 212-213.

[6] Државен Завод за Статистика. Статистички годишник на Република Северна Македонија[R]. 2019: 214.

[7] Ministry of Education and Science of the Republic of Macedonia. Education Strategy 2018—2025 and Action Plan[M]. Skopje: Ministry of Education and Science of the Republic of Macedonia, 2018: 35-36, 16.

二、高等教育机构的分类

北马其顿的高等教育机构主要分为大学、学院、艺术学院、高等职业学校、科学研究所、宗教学院。按照学校的社会性质可以分为公立院校、私立院校、公私共同经营的非营利院校以及私立非营利院校。大学可以下设多个科学和研究机构。根据《高等教育法》的规定，所有的高等教育机构都要经过高等教育认定和评估委员会的审核才可设立。各类教育机构的特点如下。

大学：北马其顿的大学是独立的高等教育机构。大学通常包含自然科学、人文科学、艺术等各类学科，提供本科、硕士研究生和博士研究生层次的高等教育。

学院：北马其顿的学院是独立的高等教育机构，专注于一个或几个相关的学科领域或者职业教育领域的教学、理论研究和应用研究。提供本科、硕士研究生和博士研究生层次的高等教育。

艺术学院：北马其顿的艺术学院是独立的高等教育机构，其功能与学院相似，专注于一个或多个相关艺术领域的教学、研究和艺术创作活动。

高等职业学校：分为独立高等职业学校和非独立高等职业学校。独立高等职业学校是独立的高等教育机构，主要开展一个或多个相关职业教育领域内的本科职业教育和硕士研究生层次的专业学位教育。非独立的高等职业学校开展的教育内容和层次通常与独立高等职业学校相同，但在组织结构上属于大学的下设机构。

科学研究所：科学研究所可以是独立的高等教育机构，也可以是大学的下设机构。科学研究所可以在成立满 5 年并且在获得高等教育认定和评估委员会审核通过的条件下，在涉及的研究领域内开展硕士研究生和博士研究生层次的高等教育。

宗教学院：宗教学院可以作为大学的下设机构或附属成员单位，宗教团体可以在符合法定要求的条件下开设宗教学院。北马其顿目前有两所独立的宗教学院，分别为马其顿东正教教会创立的东正教神学院和北马其顿伊斯兰教教团设立的斯科普里伊斯兰教科学院。这两所宗教学院主要开展神学领域的研究。

三、本科、硕士研究生和博士研究生教育

（一）本科教育

北马其顿的本科教育包括学术教育和职业教育两种模式。本科阶段的学术教育通常为期 3—4 年，需要修完 180—240 个 ECTS 学分（一年的大学学习可获得 60 个 ECTS 学分），授予学士学位。艺术领域的学术教育为期 4 年。职业教育的学制根据具体职业有所不同。例如，护士专业的学习期限至少为 3 年，医学专业的学习则一般需要 6 年，而兽医、口腔医学、药学和建筑学专业需要 5 年。除了最终授予学士学位的常规本科教育以外，北马其顿的高校也会提供时长 1—2 年，对应 60—120 个 ECTS 学分的本科层次短期培训项目。

本科阶段的入学要求由大学或高等职业学校自行确定。通常高等教育机构会根据学生的高中学习成绩及国家毕业考试成绩来录取学生。

本科毕业生需要完成毕业项目或毕业论文以完成学业。在提交项目或论文并通过考核后，学生将被授予其所修读专业的“毕业生”（graduate）头衔，该头衔等同于许多国家教育体系中的学士学位。完成本科阶段职业教育的学生也同样会获得相关专业的文凭，等同于许多国家教育体系中的学士学位。

北马其顿高校本科阶段的教育主要以学习成果为导向，目的是让学生能够掌握所学专业的基本技能和方法，使学生在毕业后可以在所学的专业

领域内独立开展工作。本科阶段的主要教学目标为：通过讲解专业和相关领域的理论和方法，让学生理解所学专业并获得广泛的学术知识和技能；为学生讲授所学专业的学术知识、理论和方法，使他们能够自主地发现、确定和解决所学专业相关领域的复杂问题；培养学生应用所学知识从事特定职业的能力，并为学生继续深造打下基础。

（二）硕士研究生教育

北马其顿硕士研究生教育阶段的学制通常为 1—2 年，完成 60—120 个 ECTS 学分（完成一年的研究生学习可获得 60 个 ECTS 学分），授予硕士学位。学生可以在本科毕业以后申请进入相关领域的硕士学位课程学习。硕士教育的入学条件由高校自行确定，通常高校会根据学生的本科学习成绩进行录取。

一年制硕士课程仅适用于完成了四年制本科课程并获得至少 240 个 ECTS 学分的学生。如果学生毕业于三年制本科项目，只修读了 180 个 ECTS 学分，则需要完成两年的硕士学习。学生在本科阶段和硕士阶段总共应获得 300 个 ECST 学分，方可完成硕士学位课程学习。艺术专业的学生的学制由高等教育机构单独设定。

对于攻读学术类硕士学位课程的学生来说，他们需要在毕业前完成硕士论文，艺术类专业学生则需要在毕业前进行公开表演或展览。学校的学术认证委员会会指定一名导师来指导学生完成硕士学习。一名导师最多可以指导 12 名学生。硕士论文需要进行答辩，答辩委员会通常由三名成员组成。完成全部要求的硕士毕业生会被授予其所学专业的硕士学位，等同于许多国家教育体系中的理学硕士和文学硕士。

除了学术类硕士，学生也可以选择攻读专业学位（职业教育）。硕士阶段的专业学位学制为期一年，包括 60 个 ECTS 学分，毕业生会被授予所学专业的“专家”（specialist）专业学位。完成本科阶段学术学习或职业学习的学生均可申请就读硕士阶段的专业学位课程。攻读专业学位的学生在毕业前也需要完成专业论文或进行公开表演或展示（艺术类专业）。

表 6.3 展示了 2018 学年毕业的各个专业领域的学术类硕士和专业学位的毕业生人数统计。

表 6.3 2018 学年北马其顿学术类硕士和专业学位毕业生数（分学科统计，单位：人）[1]

	自然科学	技术	医学	生物科技	社会科学	人文	总计
学术类硕士	60	422	17	27	1 031	140	1 697
专业学位	0	20	85	0	70	13	188

（三）博士研究生教育

北马其顿博士教育的学制至少为 3 年，学生需要修满 180 个 ECTS 学分，毕业后授予科学博士学位或文学博士学位，等同于许多国家教育体系中的哲学博士学位（Ph. D.）。

学生在完成相关领域的硕士阶段学习并且本科阶段和硕士阶段修读的总学分超过 300 个 ECTS 学分（一些专业要求 360 个 ECTS 学分）的条件下可以申请攻读博士学位。高等教育机构可以自行设定其他的入学要求。大学也可以开设低于三年学制的课程并最终授予学生所学领域的“专家”专业学位。

博士生需要在导师指导下独立开展研究工作。北马其顿攻读博士学位的学生在学习期间需要完成以下任务：高级专业课程学术训练、独立的博士研究项目、至少一周以上的国际交流、教学和相关工作、在所研究的专

[1] Државен Завод за Статистика. Статистички годишник на Република Северна Македонија[R]. 2019: 250.

业领域发表论文并积极参与相关国际会议、博士论文的公开答辩。

每名学生必须完成博士论文才可以毕业。在学习期间，学校的学术认证委员会会指定一名有资格的导师指导学生的整个研究过程。每名导师最多指导 3 名学生。所有博士论文都会被刊登在学生所就读的高等教育机构的官方网站以及北马其顿教育和科学部的开放教育科学资源数据库（Open Education and Scientific Resource Database）中供公众查看。博士论文需要经过公开答辩，答辩委员会由 5 名具有副教授或教授职称的专家组成。每名博士候选人在申请公开答辩前，必须在其研究领域的学术期刊上发表过 2 篇或 2 篇以上的学术论文。表 6.4 为 2018 学年北马其顿各个专业领域的博士毕业生人数统计。

表 6.4 2018 学年北马其顿博士毕业生数（分学科统计，单位：人）[1]

自然科学	技术	医学	生物科技	社会科学	人文	总计
14	23	70	6	85	45	243

根据北马其顿法律，只有在全国大学排名中位列前七位的高校或研究所才有资格招收博士生。如果正在招收博士生的高校在下一次全国排名中没能进入前七名，则不再允许其招收博士生。一旦发现不具备招收资格的学校招录了博士生，北马其顿高等教育认证和评估委员会将取消该机构的本科、硕士研究生和博士研究生全部层次的高等教育认证资格。

[1] Државен Завод за Статистика. Статистички годишник на Република Северна Македонија[R]. 2019: 250.

四、高等院校的排名

在国内排名方面，根据2017年上海交通大学（即上海软科排名）发布的《2015—2016年马其顿高等教育机构排名》，北马其顿共有19所高校被列入排名之中。[1] 这19所高校的排名情况见表6.5。但在国际排名方面，根据2020年上海软科世界大学学术排名（ARWU）、2021年泰晤士高等教育世界大学排名（THE）及2021年QS世界大学排名，北马其顿高校均未能入围上述世界大学排名榜单。

表6.5 2015—2016年北马其顿高校国内排名

名次	大学名称
1	斯科普里大学
2	戈采·德尔切夫大学
3	圣保罗信息科学与技术大学
4	东南欧洲大学
5	斯科普里美国学院大学
6	斯科普里国际巴尔干大学
7	比托拉大学
8	泰托沃国立大学
9	斯科普里第一私立大学
10	库马诺沃私立欧洲学院商业高级职业学校
11	斯科普里私立商业和经济学院高级职业学校
12	斯科普里私立商业学院高级职业学校

[1] 资料来源于上海软科世界大学排名。

续表

名次	大学名称
13	斯科普里欧洲大学
14	斯科普里旅游和管理大学
15	斯科普里私立新闻和公关高级职业学校
16	视觉艺术大学、欧洲电影学院和法国高等影视学院（巴黎-斯科普里-纽约）
17	斯科普里 MIT 大学
18	斯特鲁加国际大学
19	加・罗・杰尔查文国际斯拉夫大学

五、主要高等院校简介

根据第四小节中的排名，我们选取三所北马其顿高校在本小节进行重点介绍，分别是公立院校中排名第一的斯科普里大学、私立大学中排名第一的斯科普里美国学院大学，以及北马其顿唯一一所公私共同经营的大学——东南欧洲大学。

（一）斯科普里大学

斯科普里大学建立于 1949 年，位于北马其顿首都斯科普里，是北马其顿最古老也是规模最大的综合性公立大学。建校时大学只有三个院系，经过数十年的发展，目前该大学共拥有 23 个院系、5 个研究所、4 个附属公立科学院、1 个附属宗教学院，并设有与中国西南财经大学合办的孔子学院。

大学目前下设的院系包括农业科学和食品系、建筑系、土木工程系、计算机科学和工程系、口腔医学系、家居和室内设计技术系、戏剧艺术系、经济系、电气工程和信息技术系、美术系、林学系、机械工程系、医学系、音乐系、自然科学和数学系、药剂学系、哲学系、体育运动和健康系、冶金技术系、兽医学院、Blaze Koneski 文学系、Iustinianus Primus 法学系、St. Clement Ohridski 教育系。大学下设的研究所包括农业研究所，畜牧研究所，地震和地震学工程研究所，经济研究所，社会、政治和司法研究所。大学附属公立科学院包括马其顿文学研究院、国家历史研究院、Krste Misirkov 马其顿语研究院、Marko Cepenkov 民俗研究院。另外，大学还下设斯科普里 St. Clement Ohridski 神学院。

斯科普里大学的教育覆盖本科、硕士研究生和博士研究生三个层次，目前共有在校本科生、硕士生和博士生 25 00 余人，学校全部教职员工约 3 100 人。[1]

斯科普里大学自建校以来，已经培养本科毕业生约 150 000 人，硕士学位和专业学位毕业生约 10 000 人，博士学位毕业生约 4 000 人。斯科普里大学为大学发展设立的使命包括：建设成为一所自治的高等教育机构，在技术、自然科学和数学、生物科学、艺术、医学和社会科学领域开展教学、研究和实践活动；建设成为一所体现北马其顿人民传统和价值（马其顿语言、历史、文学和文化）并获得国际认可的大学；与此同时，大学也要珍视北马其顿共和国其他种族的文化和价值，建设成为一所对所有学生不论意识形态、政治倾向、文化和社会背景，一律公平、平等和开放的大学；建设成为一所学术研究与社会需求相适应的大学，并保持大学与社会发展的动态联系；建设成为一所为所有教职员工提供激励环境的大学，促进教职员工的工作能力进步；建设成为一所开展终身教育和继续教育的大学；建设成为一所在全部领域达到欧洲规范和标准的大学。[2]

[1] 资料来源于斯科普里大学官网。

[2] 资料来源于斯科普里大学官网。

（二）斯科普里美国学院大学

斯科普里美国学院大学建立于2005年，是北马其顿最早的营利性私立大学之一。斯科普里美国学院大学位于斯科普里郊区。学校提供覆盖本科、硕士研究生和博士研究生三个层次的高等教育，学校共有教职员工110人，总在校生人数约1 080人。斯科普里美国学院大学获得了美国商学院认证委员会的认证，是北马其顿国内唯一一所获得该国际认证的大学。学校目前共有6个学院，分别是商业经济和管理学院、建筑和设计学院、计算机科学和信息技术学院、外国语学院、法律学院以及政治科学和心理学院。

斯科普里美国学院大学是一所国际化的大学，以英语为主要教学语言。大学以“三个国际化”为原则，包括国际化的师资、国际化的学生组成以及国际化的课程及教材教辅。

（三）东南欧洲大学

在北马其顿建设东南欧洲大学的提议最早于2000年由欧洲安全与合作组织少数族裔高级专员提出。作为解决北马其顿境内马其顿族与阿尔巴尼亚族冲突政策的一部分，欧洲安全与合作组织少数族裔高级专员提出建设一所由国际出资、以阿尔巴尼亚语为主要教学语言的大学。2001年3月，大学开始建设，同年9月在泰托沃建成并开始对外招生。2002年11月，东南欧洲大学在读学生达到2 250人，一年后，学校在读学生人数达到了3 700人。[1]经过20年的发展，东南欧洲大学已经发展成为一所教学质量良好、财政状况可持续的大学，并被认为是东南欧地区多民族多语言高等教育的模范。

[1] 资料来源于东南欧洲大学官网。

东南欧洲大学与欧盟委员会、美国国际开发署开展了紧密的合作，并获得了荷兰政府及开放社会基金会提供的奖学金支持。东南欧洲大学是北马其顿在国内政治经济相对动荡的区域成功建立的一所高等教育机构，对北马其顿内部的民族和解产生了积极的影响。

东南欧洲大学目前共有 5 个院系，包括商业和经济系、法律系、语言文化和传播系、当代社会科学系以及计算机科学和技术系。此外，学校还设有 2 个研究所，分别是 Max van der Stoel 研究所和环境与健康研究所。学校提供本科、硕士研究生和博士研究生三个层次的高等教育。学校共有教职员工 117 人，在校生约 1 850 人。[1]

六、高等教育的国际合作

北马其顿政府鼓励国内高等教育机构开展学生和教师的国际交流项目以及同其他国家的高等教育机构建立合作关系。根据北马其顿《高等教育法》的规定，促进教师和学生的国际学术交流是北马其顿高等教育的基本方针之一。这一方针也与北马其顿《2020 年教育与培训计划》、“博洛尼亚进程”以及“哥本哈根进程”的要求相符。因此，鼓励高等教育的国际交流与合作是北马其顿政府的重要战略目标。

《高等教育法》规定，学生的国际交流主要包含两种形式：一种是出国交换学习，通常为到合作高校学习 1—2 个学期；另一种为出国实习培训，通常在一家国外公司实习培训 2—12 个月。《高等教育法》还规定，高校教师根据实际需要，每 5 年可带薪脱产一年或无薪脱产 3 年从事职业发展相关的活动，比如出国访问学习或访问研究。

[1] Државен Завод за Статистика. Статистички годишник на Република Северна Македонија[R]. 2019: 236.

北马其顿的高等教育国际交流合作由教育和科学部、各大学以及国家欧洲教育项目和交流处负责组织和实施。根据法律规定，各所高校的校务委员会都应制定本校的国际合作计划。大部分高校设立国际合作办公室来组织设计和实施本校的国际合作工作，例如，与其他国家的高校建立双边或多边合作伙伴关系，参与研究经费计划，以及为教师和学生联络国际交流访问项目机会。北马其顿的大学多与欧盟和西巴尔干国家的政府和高校进行交流合作。

除了高校主导的国际合作以外，北马其顿教育和科学部也积极开展各项国际合作。教育和科学部任命负责高校教师和学生国际交流合作的专员，牵头参与制定多个国际高等教育资助计划，如中欧大学研究交流计划（Central European Exchange Programme for University Studies，以下简称 CEEPUS）、伊拉斯谟世界计划（Erasmus Mundus）、富布赖特奖学金项目（Fulbright Scholarship Programme）、Boris Trajkovski 国家奖学金项目、外国学生国家奖学金项目、双边奖学金项目（如与俄罗斯和中国分别签署的国家互换奖学金项目）等。此外，北马其顿还参与了欧洲研究网络 EURAXESS，为本国的研究人员提供更多的信息和支持服务。

北马其顿政府十分重视上述项目的实施。以 CEEPUS 为例，北马其顿教育和科学部于 2005 年专门成立了国家 CEEPUS 办公室，负责该项目相关工作。北马其顿高校的教师以及本科生、硕士生和博士生均可以申请 CEEPUS 交流奖学金。CEEPUS 办公室负责接收和评估来自高校的申请，选拔奖学金候选人，以及接收和考核国际交流成果报告。

北马其顿在 2014—2017 年通过国家欧洲教育项目和交流处共签署了 14 份关于资助北马其顿高校师生出国交流访问的合作协议。这些协议为北马其顿高校国际教育交流提供了很大的帮助。2014—2018 年，“伊拉斯谟 +”（Erasmus+）项目就资助了超过 1 550 名北马其顿的高校教师和学生出国交流学习，总资助金额超过 600 万欧元。截至 2018 年，北马其顿共有 24 所高校被纳入了“伊拉斯谟+”项目资助范围。[1]

第二节 高等教育的特点和经验

一、高等教育的特点

自1949年以来，北马其顿高等教育经历了前南斯拉夫解体以及国内政局不稳等动荡阶段，经过几十年的发展，目前已经建成各类高等院校28所，2019年高等教育在校生人数超过5万。[2] 虽然从自身角度观察，北马其顿的高等教育已经有了较大的发展，但是，与其他国家相比，北马其顿的高等教育依然处在较为落后的水平。举例来说，北马其顿2018—2019学年高等教育毛入学率为34.26%，低于世界银行发布的2019年全球38.85%的平均高等教育毛入学率，[3] 更低于2019年中国（53.77%）[4] 和美国（88.30%）[5] 的高等教育毛入学率。此外，北马其顿高校的总体学术和研究水平也相对落后，在最新的QS世界大学排名、泰晤士高等教育世界大学排名和上海软科世界大学学术排名 [6] 等国际认可度较高的大学排名中，北马其顿均没有高校入围。

[1] 资料来源于欧盟委员会Eurydice数据库。

[2] Државен Завод за Статистика. Статистички годишник на Република Северна Македонија[R]. 2019: 230.

[3] 资料来源于世界银行数据库。

[4] 资料来源于世界银行数据库。

[5] 资料来源于世界银行数据库。

[6] 本章节编写于2021年1月。参考的最新的排名为2021QS世界大学排名、2021泰晤士高等教育世界大学排名及2020上海软科世界大学学术排名。

二、高等教育的经验

北马其顿采取了积极融入欧洲高等教育体系以及注重高等教育国际化合作的教育政策。通过签署加入“博洛尼亚进程”、对接 ECTS 学分互认系统、参与 CEEPUS 和“伊拉斯谟 +”等欧盟框架下的双边或多边合作项目，北马其顿实现了本国高等教育体系与欧盟国家高等教育体系的对接。同时，在这些合作项目的支持下，北马其顿高校的教师和学生获得了更多前往其他国家进行交流学习或参加实习培训的机会，促进了北马其顿高等教育的发展。除了欧盟框架内的合作，北马其顿也与美国、俄罗斯、中国等非欧盟国家开展双边合作。例如，参与美国的富布莱特奖学金计划，为北马其顿师生赴美交流访问提供了机会；与中国和俄罗斯分别签署双边政府互换奖学金项目，为北马其顿大学生提供了更多的接受高等教育的机会和奖学金支持；斯科普里大学与中国的西南财经大学合作，开设了北马其顿第一所孔子学院，为在北马其顿开展中文及中国文化教育提供了平台和契机。

北马其顿的高等教育同样也面临着许多问题和挑战。例如，高校间师资力量差异悬殊，大学生延迟毕业现象严重，大学办学自主性依然不足等。这些问题和挑战以及北马其顿政府提出的对策将在下一节进行详细讨论。

第三节　高等教育的挑战和对策

在第一节和第二节中，我们对北马其顿高等教育的发展和现状进行了研究和总结。如前所述，北马其顿的高等教育在几十年间实现了从无到有的发展并且逐步建立了对标欧盟和国际标准的现代化高等教育体系。然而，北马其顿的高等教育目前也面临着各种问题和挑战，这一节我们将对北马其顿高等教育当前面临的挑战以及北马其顿政府提出的应对措施进行考察。

一、面临的挑战

针对北马其顿高等教育目前遇到的问题，近年来中外学者均进行了一定的研究[1][2]。在北马其顿教育和科学部发布的《2018—2025 年教育策略和行动计划》中，北马其顿官方也坦承其高等教育目前面临着众多亟待解决的问题和挑战。[3] 总体来看，北马其顿高等教育目前面临的挑战主要在四个方面：专业设置和教学方式存在不足、教学质量缺乏保障、教育行政管理仍未理顺，以及教育财政支持不足。

（一）专业设置和教学方式存在不足

北马其顿高等教育的一个重要问题就是教学内容设置不合理。一方面，专业设置缺乏规划，与市场需求脱节。一些热门专业（例如商科类专业）盲目扩张，超过了高校本身的教学能力。在第一节表 6.2、表 6.3 和表 6.4 中可以看到，在本科、硕士研究生和博士研究生三个层次的教育中，人文社科类的毕业生人数均远多于其他学科。毕业生数量供大于求造成北马其顿人文社科专业的大学毕业生面临着就业困难的问题，而其他专业则出现了人才不足的现象。另一方面，从专业的内部课程设置来看，北马其顿的高校目前缺乏统一的课程标准，对于每个学科和专业的必修课和选修课设置比例、课程内容等均缺乏明确的标准。

此外，北马其顿高校的教学方式也较为落后，高校无法提供有效的远

[1] STAMBOLIEVA M. Higher education systems and institutions, Macedonia[M]//TEIXEIRA P, SHIN J. Encyclopedia of international higher education systems and institutions. Dordrecht: Springer Netherlands, 2018: 1-5.

[2] 刘进，杨莉．“一带一路”沿线国家的高等教育现状与发展趋势研究（二十一）——以马其顿为例 [J]. 世界教育信息，2019（3）：36-41.

[3] Ministry of Education and Science of the Republic of Macedonia. Education Strategy 2018—2025 and Action Plan[M]. Skopje: Ministry of Education and Science of the Republic of Macedonia, 2018: 49-50.

程教育、数字化教育以及在线学习平台。这一问题在2020年的新冠肺炎疫情期间暴露得尤为明显。根据中国–中东欧研究院的报告，在新冠肺炎疫情期间，北马其顿高校虽然也实行了线上教学，但是实施过程艰难。由于缺乏在线教育平台的支持和远程教育的经验，北马其顿高校教师大多需要自行设计网络课程并自行寻找合适的教学资源及网络平台。同时，由于缺乏来自教育管理部门的前期指导，学生网络学习的效率也十分低下，教师与学生无法有效地在线交流，课程考核也难以开展。[1]

（二）教学质量缺乏保障

除了课程设置和教学方式存在问题外，北马其顿的高等教育也面临着教学质量较低、教学成效较差的问题。根据北马其顿《2019年教育统计年鉴》的数据，北马其顿本科阶段各个专业学生的如期毕业比例均不足50%，本科生延期毕业现象严重。

除了在第一小节中提到的教学内容设置不合理和教学方式落后以外，造成这一问题的主要原因还有无法有效发挥作用的教学评估机制。北马其顿虽然设有高等教育认证和评估委员会等教学质量管理机构，但是这些机构没能有效发挥作用，没能为高等教育的各种专业和教学项目制定可执行的教育评估标准。

为了确保高等教育的质量，北马其顿政府曾计划推出高等学校国家毕业考试制度。然而这一制度还未实施就遭到了高校的强烈反对。高校认为国家统一考试违背了高等教育的原则，直接影响了大学的学术自由。同时，由于该制度在提出前缺乏科学论证，有效性和可行性均存在疑问，因此最终未经实施便宣告终止。

[1] 资料来源于中国–中东欧研究院官网。

（三）教育行政管理未理顺

北马其顿高等教育的第三个显著问题是教育行政管理仍待理顺，政府与高等教育机构、高等教育机构内部、不同高等教育机构之间、高等教育机构和产业界都缺乏协调与合作。

根据2008年修订的北马其顿《高等教育法》，北马其顿高等教育机构独立办学，学校由校务委员会进行管理。然而，在实际操作中，北马其顿的高等教育机构依然受到许多行政管理和限制，无法真正实现自主办学。2008—2016年，北马其顿《高等教育法》被修改了19次，不断扩大了政府对于高等教育的管理权限。2013年，曾有大学教授就修法向北马其顿宪法法院提起诉讼并胜诉。宪法法院判决撤销政府任命高等教育认证和评估委员会主席的权力，同时撤销了政府关于博士生导师担任被指导博士生的答辩委员会成员的禁令。政府与高校之间的不断博弈也导致许多高等教育改革措施推迟执行或被取消（例如前一小节中提到的高等学校国家毕业考试制度）。

除了政府与高校间的管理问题，高校内部也同样存在着行政管理的挑战。北马其顿《高等教育法》规定，大学由校务委员会（管理层）负责管理。在实践中，大学管理层的权力过于集中，学生参与学校管理有名无实，学生无法真正有效地参与到大学管理当中。高校管理层权力过于集中也是造成前一小节中提到的教学质量保障机制缺失的一个原因。由于来自高校管理层的阻力，北马其顿高等教育目前缺乏独立的外部评价机构，无法对高校的教学质量进行独立的评估，这也导致了北马其顿目前高等教育质量不理想。

此外，不同高校之间以及高校与产业界或企业之间的合作也缺乏协调。虽然北马其顿《高等教育法》中设置了校际会议（Interuniversity Conference）负责协调大学之间的合作，但该会议到目前为止权责尚不清楚，无法有效促成大学之间的合作。另外，由于缺乏有效的机制，高校与企业的合作也明显不足，一定程度上导致了高校专业设置脱离就业市场需求、大学经费来源不足等问题。

（四）教育财政支持不足

教育财政支持不足、缺乏教育经费是北马其顿各阶段教育都面临的困难。由于缺少教育经费来源，北马其顿高校难以为青年研究人员提供工作机会，造成师资缺乏，也无法为在职的教职员工提供足够的职业发展支持和国际交流合作机会。如同在第一节中提到的，北马其顿许多高校师资力量薄弱，师资不足导致高校学生–教师比例过高，不利于保障教学质量。经费的缺乏也导致高校实验室等教学基础设施落后，各类研究难以开展。此外，由于缺乏足够的资金支持，学校无法为学习成绩突出的学生提供足够的奖学金，难以激励学生更加努力学习。

虽然政府和高校都意识到教育经费不足造成的一系列问题和挑战，但由于受北马其顿社会经济发展现实的限制，这一问题在短时间内似乎难以解决。

二、提出的对策

针对北马其顿高等教育目前面临的挑战，北马其顿教育和科学部在《2018—2025 年教育策略和行动计划》中提出了五项对策。[1]

---

[1] Ministry of Education and Science of the Republic of Macedonia. Education Strategy 2018—2025 and Action Plan[M]. Skopje: Ministry of Education and Science of the Republic of Macedonia, 2018: 50-52.

（一）建立符合欧洲标准的高等教育质量把控体系

修订法律，重新设计高等教育的认证和评估机制；建立高等教育外部质量把控体系，国家高等教育认证和评估委员会加入欧洲高等教育质量保证协会（ENQA）；提出与欧洲高等教育区质量保障标准（ESG）一致的国内高校教学质量管理标准和指导意见；确保高校内部有效的质量把控，在每所大学建立质量评估中心，确保高校自我评估有效进行，建立监督机制；建立高校教学质量认证的内部和外部评价机制；优化高校教育网络和教学科目的分布，提升高校教育经费的使用效率，满足国家、地区和本地劳动市场的需求；开展以实际就业需求为导向的高等教育，每所大学均应为学生提供实习机会和实习信息服务；高校应开展就业指导和咨询服务，每所学校均应设立职业中心并配齐工作人员，为学生提供职业规划指导；提高高校中的师生比，增加大学师资力量，促进高等教育更加以学生为中心。

（二）提升高校内部教学质量

建立高校学习成果认证标准，确定对高校教学内容和教学成果的最低要求；为在校大学生提供更多课程选择，允许学生跨校选修其他高校提供的课程；建立永久性的高校毕业生追踪系统，收集高校毕业生升学和就业的相关信息，为教育决策提供数据支持；加强与外国大学的高等教育合作，在欧洲高等教育区和国际范围内为高校师生提供更多的交流访学机会，确保80%以上的高校参与到“伊拉斯谟+”项目中或直接与国外高校建立合作网络，确保80%以上来自“伊拉斯谟+”项目的资金用于资助北马其顿教师和学生的出国交换；建立“技能观察员”机制[1]，确保高等教育体系可以跟上社会发展的脚步，为社会发展持续培养拥有最先进职业技能和资质的人才。

（三）改善高等教育教学条件

修缮高校的教学楼，在所有大学的教学楼内增设无障碍设施，为有身体残疾的学生进入高校学习提供更加便利的条件；改善学生宿舍条件，为学生提供更加舒适的生活环境，在2020—2025年重新装修至少50%的大学宿舍。

（四）改进高等教育管理和资助模式

确保高校治理和管理体系的民主化和高效化；确保高校办学自主权；建立国家高等教育委员会（National Council for Higher Education），确保委员会在资助高等教育方面的权力，使委员会可以为学习成绩突出的学生提供奖学金激励；确保学生有效参与高校决策过程；确保学生组织民主、透明运行，使学生组织或学生社团成为高校的一部分，有效地参与高校活动；加强高校之间及高校与企业间的合作，鼓励商业机构对高等教育开展投资；增加高等教育资金投入，提升高校经费资源利用效率。

[1]“技能观察员”机制主要负责调研和预测就业市场对于各类劳动力职业技能的需求，为政府提供参考资料，帮助教育部门、教育机构、政策制定者等根据市场需求快速、准确地做出反应，更好地为不同行业输送高质量人才。

（五）支持高校和研究机构的科研与创新

建立“国家–学术机构–商业界”三方合作体制，高效且可持续地支持高等教育和科研机构的研究和创新；建立有效机制来确定研究创新的重点领域，提高高等教育和科研机构研究创新经费的使用效率；在大学中加强研究基础设施建设（包括卓越创新中心、科研加速器、技术转移中心等），确保高校的科学研究与当前技术发展的需要保持一致。

第七章 职业教育

第一节 职业教育的发展和现状

一、职业教育的阶段划分和学制

职业教育是北马其顿教育体系中的重要一环，主要包括高中职业教育、“高中后”（post-secondary non-tertiary）职业教育以及高等职业教育。图 7.1 展示了这三种职业教育类别的层级关系、对应的国际教育标准分类（ISCED）等级以及三种职业教育间的升学路径。

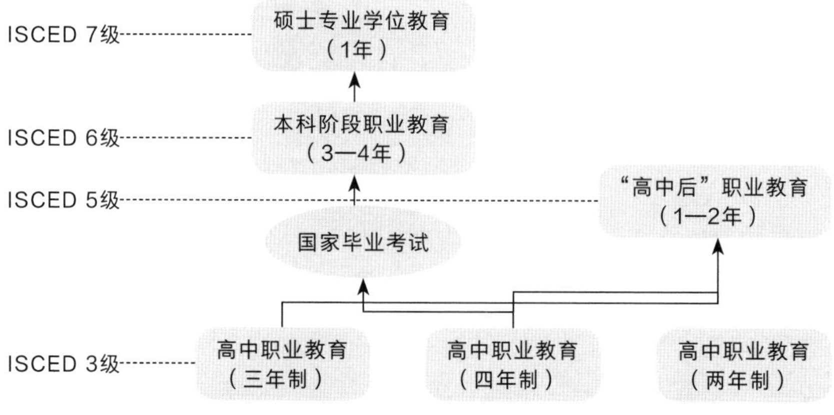

图 7.1 北马其顿职业教育层级

北马其顿的职业教育开始于高中阶段，是北马其顿高中义务教育的一部分（关于北马其顿义务教育阶段划分，请参考第五章“基础教育”）。高中职业教育主要分为两年制、三年制和四年制三种形式。两年制的高中职业教育为技能培训，培养的学生主要从事一些专业技能要求较低的职业。两年制职业教育可以由职业高中或者职业培训中心举办。毕业后学生可获得北马其顿国家一级职业资格。学生也可以在完成一年的学习后选择转入三年制高中职业教育学习。三年制的高中职业教育主要面向就业市场，为学生提供针对专门职业的教育和培训，学习内容包括在学校的技术培训以及在企业的实习实训。学生在完成三年制学业后获得北马其顿国家二级职业资格，并直接进入就业市场。四年制的高中职业教育为技术科学教育，目的是教授学生更为广泛的职业技术知识，学生在毕业后可以选择参加学校毕业考试并直接就业，或参加国家毕业考试并继续进入高等教育阶段学习。[1]

“高中后”教育是一种较为特殊的教育形式。北马其顿自 2010 年起实施“高中后”教育。该教育阶段介于高中教育和高等教育之间，面向完成高中教育后直接就业并且具有两年以上工作经验的人员。“高中后”教育是北马其顿终身教育和职业教育的组成部分，其主要的教育目标包括发展人力资源、建设知识型经济、提升个人和社会生产力、发展国家经济、改善人民生活质量、提高职业教育的社会吸引力、促进就业以及职业发展等。[2]

由于高等职业教育在第六章“高等教育”中已经进行了探究，在此我们不再重复介绍高等职业教育。

---

[1] 资料来源于欧盟委员会 Eurydice 数据库。

[2] 资料来源于欧盟委员会 Eurydice 数据库。

二、职业教育的规模

在高中职业教育方面，北马其顿目前共有 94 所职业高中（包括 8 所艺术学校）和 4 个职业培训中心。2017—2018 学年，高中职业教育在校生人数总计 42 163 人，其中女生 18 993 人。[1] 接受职业教育的高中生占高中生总人数的 59.5%，在所有接受高中职业教育的学生中，有超过 94% 的学生就读于四年制职业高中。[2] 需要注意的是，高中职业教育的在读学生数量较多并不意味着北马其顿的高中职业教育有很强的吸引力。事实上，很多学生就读职业高中是因为其所在的地区没有普通高中，或普通高中的学位不足。[3] 许多接受四年制高中职业教育的学生在完成高中学习后会选择参加国家毕业考试并申请进入大学学习，并且其中很多学生会选择就读学术类本科课程而不是职业高等教育。根据经济合作与发展组织的报告，有超过 20% 的北马其顿职业高中毕业生通过参加国家毕业考试，申请就读法律和管理学等大学专业。[4] 表 7.1 为 2017—2018 学年北马其顿各个专业类别的高中职业教育毕业生人数统计。

表 7.1 2017—2018 学年北马其顿高中职业教育各类专业毕业生统计 [5]

专业	总计		全日制		非全日制	
	总人数	女生数	总人数	女生数	总人数	女生数
农业兽医	366	116	311	105	55	11

[1] Државен Завод за Статистика. Статистички годишник на Република Северна Македонија[R]. 2019: 206.

[2] European Training Foundation. Developments in Vocational Education Policy in North Macedonia[R]. 2020: 5.

[3] OECD. OECD reviews of evaluation and assessment in education: North Macedonia[M]. Paris: OECD Publishing, 2019.

[4] OECD. OECD reviews of evaluation and assessment in education: North Macedonia[M]. Paris: OECD Publishing, 2019: 65.

[5] Државен Завод за Статистика. Статистички годишник на Република Северна Македонија[R]. 2019: 209.

续表

专业	总计		全日制		非全日制	
	总人数	女生数	总人数	女生数	总人数	女生数
林业和木材加工	171	44	146	42	25	2
地质、采矿、冶炼和冶金	58	17	54	14	4	3
纺织和皮革加工	276	140	217	119	59	21
建筑和大地测量	375	96	332	95	43	1
经济、法律和贸易	1 195	611	1 040	552	155	59
农业	23	8	23	8	0	0
兽医	31	10	31	10	0	0
食品加工	29	10	27	9	2	1
采矿	5	0	0	0	5	0
机械工程	1 304	65	1 002	38	302	27
电气工程	1 593	276	1 427	259	166	17
化学工程	428	213	343	175	85	38
纺织	2	1	0	0	2	1
平面设计	76	34	68	30	8	4
个人服务	513	384	430	326	83	58
土木工程	29	0	29	0	0	0
交通	573	204	517	186	56	18
贸易	12	3	8	0	4	3
旅游	719	247	526	192	193	55
经济	803	417	789	409	14	8
法律	554	372	523	362	31	10
医学	2 803	2 038	2 478	1 768	325	270

续表

专业	总计		全日制		非全日制	
	总人数	女生数	总人数	女生数	总人数	女生数
体育教育	184	58	153	54	31	4
汽车技术	30	0	22	0	8	0
美术	54	28	44	26	10	2
音乐	208	83	206	81	2	2
芭蕾	24	17	23	16	1	1

在高等教育方面，北马其顿目前共有两所专门的高等职业学校，分别是公立的高等医科学校和私立的 Smilevski 商业学院，2017—2018 学年共有毕业生 150 人。[1] 与高中职业教育相比，在高等教育阶段就读于专门的高等职业学校的学生数量非常少，接受高等职业教育的学生更愿意选择各大学开设的职业教育项目。

三、职业教育的入学要求

北马其顿的高中职业教育包括全日制和非全日制两种形式。就读三年制和四年制的高中职业教育的学生必须完成初等教育，申请就读全日制教育的学生年龄应小于 17 周岁，17 周岁以上的学生可以申请就读非全日制教育。未完成初等教育的学生可以申请参加两年制的高中职业培训，但是在毕业前必须修完基础教育阶段的全部课程。

希望就读于美术、音乐或芭蕾舞艺术学校的学生也应完成基础教育。但是在得到北马其顿教育和科学部批准的前提条件下，一些特别有天赋的

[1] Државен Завод за Статистика. Статистички годишник на Република Северна Македонија[R]. 2019: 242, 245.

学生也可以在没有完成初等教育的情况下先入读艺术学校，然后在艺术学校学习期间完成基础教育阶段的全部课程。

入读“高中后”职业教育的学生应已经完成了三年制或四年制的高中职业教育并且拥有两年以上的工作经验。而高等职业教育的入学要求则与申请其他高等教育机构的要求相同（详见第六章“高等教育”）。申请入读本科职业教育的学生需要向目标院校提交国家毕业考试成绩和高中学习成绩，申请硕士专业学位教育的学生需要向目标院校提交本科阶段的学习成绩。

四、职业教育的课程设置

对于两年制的高中职业培训，学生在第一学年每周上课 26 小时，全年共上课 936 小时。在第二学年，学生每周上课 29 小时，全年上课 957 小时。在全部教学时长中，30% 为普通高中课程（如语文、数学、外语等），20% 为职业理论教育，其余 50% 为职业技能实训。职业技能实训由学校及专业对口的企业共同开展，每周约有 14 小时。此外，在第二年的暑假，学生还会参加为期 10 天的集中职业技能实训。

对于三年制的高中职业教育，学生在第一学年和第二学年每周上课 33 小时，每年上课 1 188 小时。在第三学年，学生每周上课 31 小时，全年上课 1 023 小时。在三年的学习中，学生有 40% 的课程为普通高中课程，20% 的课程为职业理论课程，还有 40% 的课程为职业实训。根据专业的不同，学生每周会在校办企业或学校指定的企业参与 6—16 小时的实训，并在第一学年和第二学年的暑假期间分别进行 10—20 天的集中实训。

对于四年制的高中职业教育，学生在第一学年每周上课 29 小时，全年共 1 044 小时。在第二年，学生每周上课 33 小时，全年共 1 188 小时。在第三年，学生每周上课 31 小时，全年上课 1 116 小时。到了第四年，学生每周上课时间仍为 31 小时，但是全年总上课时长减少至 1 023 小时。在四年的学习中，学生有 50% 的课程为普通高中课程，40% 为职业理论课程，仅 10% 的课程为职业实训。根据学生所学专业的不同，四年制高中职业教育学生在第二学年至第四学年，每周会在校办企业或学校指定的企业参加 2—11 小时的职业实训。农学和林木加工专业的实训安排较为特殊，农学专业的学生在第一学年至第三学年、林木加工专业的学生在第二学年至第四学年前往农场或校外公司进行共计 10 天的职业训练。除此之外，四年制高中职业教育的学生在第一学年到第三学年的每个暑假还会进行为期 10—20 天的职业培训。

根据北马其顿教育管理部门的要求，虽然职业实训应该在校办企业或学校指定的企业中开展，但是在实际操作中，很多学校只在校内为学生开办实训工作坊，并没有为学生提供真正到企业中实习的机会。基于这一问题，从 2019—2020 学年开始，北马其顿政府选择了 7 所职业高中和 16 家大型企业开展了四年制高中职业教育的改革试点工作。在改革后的课程设置中，职业实训被细分为基于工作的学习和实操练习。其中实操练习在第一学年至第四学年开展，每周 3—6 小时，由学校或企业组织开展。基于工作的学习则在第三学年和第四学年开展，是学生的必修课。在第三学年，学生需要每周在企业中进行 4 小时的基于工作的学习。在第四学年，学生需要每周在企业中进行 6 小时的基于工作的学习。政府希望通过这样的改革，使参与职业教育的学生得到在真实环境下进行职业实训的机会。

从课时的分配可以看出，与两年制和三年制的高中职业教育相比，四年制高中职业教育以普通高中课程和职业理论课程为主，实践课程比例很低。这与四年制高中职业教育培养学生广泛的职业能力的目标相呼应。50% 的普通高中课程比例也使得学生可以更好地准备国家毕业考试，为学生申请进入高等教育阶段学习提供了机会。但是在另一方面，这样的课程设置也削弱了四年制高中职业教育的职业教育属性，造成学生职业实践技能的培养和训练不足。

相比之下，“高中后”职业教育的课程设置更为简单。课程内容主要为具体专业领域的理论和实践。一至两年的职业教育总计包含 400—800 小时学习时间。

高等职业教育的课程设置与一般高等教育相似，具体内容请参见第六章“高等教育”，在此不再赘述。

第二节 职业教育的特点和经验

一、职业教育的特点

北马其顿的职业教育以高中职业教育为主，覆盖了从高中到硕士的多个教育层次。在高中阶段，学生可以选择两年制、三年制和四年制三种不同的职业教育学制。其中两年制和三年制高中职业教育主要面向就业市场，学生主要学习具体职业方向的理论和实操技能知识，毕业后可以获得国家职业资格证书，并直接进入就业市场开始工作。四年制的高中职业教育则以普通高中课程和职业理论课程为主，实操技能课占比较低。学生在完成四年制高中职业教育后通常不会直接进入就业市场，而是与普通高中毕业生一样，参加国家毕业考试并申请升入大学继续学习。

在高等职业教育方面，北马其顿设有本科和硕士研究生层次的高等职业教育。本科高等职业教育面向普通高中和四年制职业高中毕业生招生，专业和课程设置与学术型的本科课程类似，学制为 3—4 年（医学等专业除外，详见第六章“高等教育”），毕业时授予和学术型本科课程相同的“毕业生”头衔，等同于学士学位。值得一提的是，与我国不同，北马其顿的高等职业教育主要是由普通高校（即各个大学）开展，而较少由专门的职业高等学校开展。目前，北马其顿国内各类高校共28所，然而其中专门的职业高等学校仅有两所。同时，许多四年制高中职业教育毕业生在大学攻读的并不是职业教育专业，而是法学、管理学等本科学术专业。因此，北马其顿的本科高等职业教育和本科学术专业教育并没有显著的差异，存在一定程度的重合。相比本科阶段，硕士研究生阶段的职业教育与学术教育的区别更为明显。硕士研究生阶段的职业教育学制通常为一年，毕业后授予“专家”专业学位而非硕士学位。

二、职业教育的经验

开展“高中后”职业教育是北马其顿职业教育发展和实践过程中的有益经验。“高中后”职业教育作为一种较为特殊的职业教育形式，在我国当前的教育体制中并不常见。根据北马其顿教育和科学部与欧盟委员会Eurydice数据库的资料，北马其顿的“高中后”教育学制为一至两年，招生群体为高中职业教育的毕业生，且具有两年以上的工作经验，在北马其顿教育体系中属于职业教育和成人教育（终身教育）的一部分。“高中后”职业教育为已经完成中等教育但因各种原因无法接受高等教育的学生提供了进一步提高职业技能的机会，为北马其顿社会劳动力的能力提升提供了多元的渠道。

需要注意的是，“高中后”职业教育在北马其顿目前的教育体系中的定位仍然不够明确。教学层次对等于国际教育分类标准（ISCED）5级，定位是介于中等教育和高等教育之间的一个教育阶段：post-secondary non-tertiary。然而，根据联合国教科文组织的划分，post-secondary non-tertiary教育属于ISCED 4级，而ISCED 5级为短期高等教育（不颁发大学第一级学位或学历证明）。[1] 因此，北马其顿的“高中后”教育是否属于高等教育尚

[1] 资料来源于联合国教科文组织官网。

不明确，与“高中后”职业教育相关的统计数据和资料也仍存在空白。同时，不论是在我国国内还是在国际上，对于“高中后”的非高等教育这一职业教育阶段的研究都还不完善，这或许可以成为我国未来国际职业教育研究的一个探索方向。

第三节 职业教育的挑战和对策

在第一节和第二节探究了北马其顿职业教育发展的现状和特点后，本节将聚焦北马其顿职业教育在当前发展阶段出现的问题和面临的挑战，以及北马其顿政府提出的改进目标和相应的措施。由于北马其顿目前针对职业教育的改革主要集中于高中职业教育，因此，在本节中没有特别说明的情况下，职业教育专指高中阶段的职业教育。

一、面临的挑战

（一）职业教育呈现“非职业化”趋势

在第一节中我们提到，北马其顿职业教育的在校学生占全部在校高中生的一半以上，然而这并不代表着北马其顿的高中职业教育具有很强的吸引力，实际情况是普通高中的招生数量无法满足社会需求，很多学生只能选择先就读四年制职业高中，再通过参加国家毕业考试申请进入高校就读（参见图 7.1）。这使得四年制职业高中在一定程度上成为普通高中的替代品，而非真正的以培养学生职业技能为导向的学校。与此同时，职业教育课程设置的不合理又加剧了职业高中的“非职业化”。根据北马其顿教育和科学部的报告，北马其顿职业教育中职业类课程（含职业理论课和实习实训课等）的课时量约占全部课时量的 52%，远低于占比 70% 的欧洲平均水平；实习实训的课时量仅占总课时量的 20%—30%，而欧洲平均水平为 60%。[1] 相反，北马其顿职业教育的普通高中课程占比达 42%，这使得北马其顿的职业教育，特别是四年制高中职业教育更接近于普通高中教育而非职业教育。

（二）职业教育与市场需求脱节

北马其顿职业教育的另一个问题是与就业市场脱节，学生在学校中所学的技能不能满足现代就业市场的需要。由于职业教育课程的开发和创新过程繁琐，课程缺乏灵活性和有效性，职业教育难以针对新兴的技术和市场需求做出快速调整。这也导致当参加职业教育的学生前往企业进行实习实训时，无法有效地将学校所学的知识应用于实际工作中，造成实训课程学习效率低。此外，缺乏明确的职业标准是造成职业教育与市场需求脱节的又一个原因。由于企业界缺乏制定职业标准的引领者，各个行业所需人才的要求难以明晰，这使得职业教育学校难以开发与人才要求相匹配的课程来满足就业市场的需求。

（三）教师和管理人员专业能力发展不足

目前，在北马其顿的职业教育学校中，职业教育教师普遍存在缺乏工作热情、缺少系统化的专业发展以及对前沿技术知识掌握不足的问题。从事职业教育的教师职前往往缺少足够的教学能力，缺乏教育学、心理学、教学法等方面的培训。教师培训部门与职业教育学校之间也缺乏合作，致

[1] Ministry of Education and Science of the Republic of Macedonia. Education Strategy 2018—2025 and Action Plan[M]. Skopje: Ministry of Education and Science of the Republic of Macedonia, 2018: 44.

使教师在上岗时没有具备足够的实践经验。[1]

对于职业教育学校中的在职教师来说，职业发展培训机会也并不平等。在北马其顿当前的教育体制中，教授普通高中课程的教师的职业培训机会要多于教授职业课程的教师。这使得职业课程教师更加难以提高其专业素养，获得职业发展机会。

专业能力不足的问题同样存在于职业教育学校的管理人员之中。由于缺乏专业培训，职业教育学校的领导难以对学校进行有效的管理。教师和管理人员的专业性不足也使得职业教育学校无法灵活高效地开发教学内容，难以提高教学质量以满足劳动市场的需求。

（四）企业接纳学生实习意愿低

根据职业教育的课程要求，学生在学期中以及暑假期间均须到专业对口的企业参加实习实训。然而在实践中，企业接纳职业学校学生前来实习实训的意愿并不高。这是因为尽管《职业教育与培训法》规定了接收学生实习实训的企业可以获得财政补助，但事实上，该法律规定并未得到很好的执行，企业往往很难获得政府补贴。此外，企业也缺少实习实训导师的选聘标准，难以为实习的学生提供合适的指导，这也导致了企业不愿接受更多的学生前来参加实习实训。

（五）职业教育缺少质量把控

缺乏有效的教学质量把控体系是北马其顿教育体制中存在的系统性的问题，不论是北马其顿教育和科学部，还是经济合作与发展组织以及欧洲培训基金会等国际组织的报告都明确指出，北马其顿的职业教育体系缺乏

[1] European Training Foundation. Developments in Vocational Education Policy in North Macedonia[R]. 2020: 12.

有效的质量保障和监督机制。建立有效的监督机制需要大量的科学调研并且要破除各种阻力，这对北马其顿政府来说是相当大的挑战。

二、提出的对策

针对前面提到的职业教育中的问题与挑战，北马其顿政府在《2018—2025 年教育策略和行动计划》中提出了四项主要的应对措施。[1]

（一）促进职业教育满足就业市场需求

建立更加灵活和高效的机制来设立职业标准和职业资格认证体系，使职业教育的内容可以及时根据劳动市场的需求进行调整；开发更加灵活有效的模块化职业教育课程以满足职业标准的要求；在中央政府和地方政府层级加强职业教育机构和企业界的合作关系，吸引企业界参与职业教育政策的决策；建立永久性的职业教育毕业生追踪研究系统，研究职业教育毕业生的教育或职业发展路径，为职业教育政策制定提供支持；对目前的“高中后”职业教育进行改革，建立现代化的“高中后”职业教育体系，使其符合北马其顿国家教育质量体系的要求。

（二）提升职业教育质量

优化职业教育培训体系，提升教育经费使用效率，使其更加贴近本地、区域和国家劳动市场的需求；为职业教育学校提供必要的教学设施、器材、

[1] Ministry of Education and Science of the Republic of Macedonia. Education Strategy 2018—2025 and Action Plan[M]. Skopje: Ministry of Education and Science of the Republic of Macedonia, 2018: 107-121.

工具及教材，全力支持学校实现教学目标；建立符合《欧洲职业教育与培训质量保障参考框架》要求的职业教育质量把控体系，确保职业教育毕业生能力符合《欧洲职业教育与培训质量保障参考框架》的要求；开发职业教育评估系统，通过收集学生学业成就反馈为政策制定提供支持；建立至少 5 所示范职业教育中心（VET Centre of Excellence），提供完善的设施和高质量的职业教育。

（三）改善职业教育招生和提高职业教育吸引力

在所有职业教育学校提供职业规划和就业指导服务，确保职业教育毕业生在选择学习或职业路径时掌握足够的信息；提高职业教育招生质量，招收更多成绩优秀的学生；重新确立职业教育在国家毕业考试中的地位，使学生获得职业教育和高等教育的机会都能够得到保障；鼓励职业教育学生参加各类国际职业技能竞赛，派出至少 10 名学生参加世界技能大赛（World Skills），派出至少 30 名学生参加其他区域或国际职业技能比赛；为处于矫正机构中的适龄学生提供接受职业教育的机会。

（四）提高职业教育的人力资源水平

通过立法的形式建立教师职业发展和提升机制，不断提高职业教育教师的专业技能和职业热情；设立职业教育学校校长执照制度，确保所有职业教育学校校长的能力满足校长岗位的基本专业要求；为职业教育学校配备必要的技术和教育支持人员并提供相应的服务。

第八章 成人教育

第一节 成人教育的发展和现状

一、成人教育的发展沿革

北马其顿的成人教育[1]在北马其顿国家独立后就得到了一定的发展，但直到2008年北马其顿才正式颁布《成人教育法》。在《成人教育法》颁布以前，北马其顿成人教育的主要目标是让成年人获得完成基础教育的机会。除了基础教育外，北马其顿也开设了工人大学（workers' university）为成年人提供职业技术培训。1997年，北马其顿境内的工人大学共开设了572个培训项目，完成学习的学生数量达到了9 354人。但进入21世纪后，工人大学开始出现衰落的迹象。到2002年，虽然完成工人大学学习的学生数量小幅增加到了10 896人，但是工人大学的培训项目却减至187个。[2]

在2008年颁布的《成人教育法》中，北马其顿将成人教育确定为一个独立的教育阶段，并对与其相关的教学场地、教学设施、教师以及成人教

[1] 本章中的成人教育指针对25—64岁人群的各类教育。

[2] CONFINTEA VI. National report on the development and state of the art of adult learning and education. Republic of Macedonia[R]. 2008: 38-39.

育项目的认证等事项做出了明确的规范。根据《成人教育法》的规定，北马其顿成立了成人教育委员会，负责提出本国的成人教育战略规划，并于2008年11月设立了成人教育中心。成人教育中心于2009年6月正式开始运营，主要负责促进成人教育体系发展，为公民提供成人教育机会，提升成人就业和创业能力，促进成人教育满足劳动市场需求，以及促进社会经济和个人发展。

《成人教育法》提出了北马其顿成人教育的愿景，即确保所有年龄段的人群都能够得到合适的教育机会，并让所有人都可以获得与社会发展及劳动市场需求相匹配的知识和技能。在上述愿景的基础上，《成人教育法》明确了以下目标：确保所有人完成义务教育；为没有接受过职业教育的成人提供职业培训；为已就业和失业的成年人提供职业再培训及新技能培训；根据成人的个人能力和年龄段提供相应的教育、知识和技能培训；使成人获得基本的终身学习能力。

2011年，北马其顿颁布了《终身学习开放公民大学法》，将终身学习理念引入了北马其顿的成人教育体制，使北马其顿的成人教育体系更加接近欧盟标准。同年，北马其顿政府发布了《成人教育项目和成人教育机构认证手册》。在此基础上，北马其顿在2013年又进一步推出了《成人教育机构规章》。在这些文件中，北马其顿明确提出要保障所有成人完成基础教育以及将非正规成人教育[1]纳入成人教育和培训体制中。

自2012年以来，北马其顿政府在全国范围内大力推广成人教育，通过举办“成人教育节”向国民推广终身学习理念，希望借此向公民宣传成人

[1] 目前，北马其顿共有三种成人教育模式，分别为正规教育培训（formal education and training）、非正规教育（non-formal education）以及非正式学习（informal learning）。正规教育培训指在初等、中等和高等教育机构中以非全日制的方式进行的成人教育，参与者在完成学业后会获得相应的学历文凭或学位证书。非正规教育指在其他教育机构（如工人大学、语言学校、计算机学校等）由专业教师以工作坊、研讨会等形式开展的成人教育，参与者在完成学业后可以学会相应的知识或技能，但不取得常规教育序列中的学历或学位。非正式学习与前述两种成人教育形式相比最为灵活，指在日常家庭或工作中进行的各类学习活动，如上网查阅资料、阅读杂志书籍或参观博物馆等。

教育和终身教育的重要性，以吸引北马其顿民众不分年龄、性别、种族背景，全部参与到成人教育当中。北马其顿政府的推广取得了一定的成效，自 2010 年以来，在北马其顿的 6 个自治市，有约 2 000 名仅有初等教育文化水平的成人参与了中等成人职业教育；2010—2015 年，有 1 190 名无业成年人通过国家就业培训项目获得了满足劳动市场需求的就业技能。[1]

2016 年，北马其顿政府提出了通过对职业教育和成人教育的现代化改革加强终身学习体系的计划。在这一计划下，北马其顿政府出台了《成人教育战略》《终身教育战略》等战略规划，新设立了 15 个成人教育项目并增加认证了 40 所成人教育机构。此外，北马其顿还提出了终身教育开放公民大学的改革方案，借鉴德国和欧洲其他国家的运营模式和成功经验，希望通过改革使终身教育公民开放大学成为本地经济发展的驱动引擎。

在最新发布的《2019—2023 年成人教育战略》中，北马其顿政府再次明确其在成人教育领域的工作重点：提高成人教育的吸引力；建立成人教育质量保障体系；开发对先前学习经历的认证系统；提升成人教育的组织、管理和资助水平；通过改革终身学习开放公民大学及工人大学等公立成人教育机构，建立公立成人教育体系；加强成人教育领域的研究及项目开发；提高成人教育领域的各类合作；做好成人教育的质量监管和评估。

二、成人教育的主管机构

北马其顿主管成人教育的政府部门和机构有：教育和科学部、劳动和社会政策部、成人教育委员会、成人教育中心以及地方政府。这些机构各自的职权如下。

[1] Ministry of Education and Science of the Republic of Macedonia. Education Strategy 2018—2025 and Action Plan[M]. Skopje: Ministry of Education and Science of the Republic of Macedonia, 2018: 54.

教育和科学部：根据成人教育委员会的建议，制定成人教育策略和成人教育行动方案；为成人教育机构间的合作提出建议；依法对成人教育机构进行审核；为成人教育机构签发认证执照；对已获得执照的成人教育机构进行定期审核和执照换发；为成人教育设立国家课程大纲；根据成人教育中心的建议，为各类成人职业教育设立课程大纲；根据国家需要，从北马其顿成人教育预算中向成人教育机构拨款；向国家及欧盟优先发展的成人教育领域提供研究和发展的经费支持。

劳动和社会政策部：参与实施国家在成人教育领域的政策；分析劳动市场需求，为设立新的劳动力资格认证或对已有劳动力资格认证的更新提供意见；根据职业标准的要求，参与调整职业资格认证；与成人教育中心合作，根据职业标准的要求，制定新的职业资格认证；参与制定国家职业标准；为成人教育参与者提供职业规划服务。

成人教育委员会：向教育和科学部提出终身教育背景下的成人教育发展策略建议；监督成人教育发展策略和行动方案的实施；向教育和科学部提出关于国家职业标准和国家职业资格认证的建议；对成人教育资助方式和资助项目提出建议；向教育和科学部提出发展成人教育机构间及成人教育机构与地方政府间合作的建议。

成人教育中心：根据当代技术和社会发展的需求，开发成人教育项目；在成人教育的计划、开发和实施过程中向各方提供支持；建立成人教育体制与终身学习理念的联系；提出成人教育政策；促进北马其顿成人教育的欧洲导向性；为成人教育项目提供支持，帮助其符合国家职业标准要求；提供公立成人教育示范课；对成人教育项目进行认证；建立通过认证的成人教育项目及有资质的成人教育机构的名单，并在教育和科学部官方网站发布；为成人教育机构的工作人员提供咨询和指导；确立成人教育机构的基础设施和教学设备标准；为成人教育参与者提供职业发展和职业规划帮助；为非正规成人教育和非正式学习融入现有成人教育体系提供解决方案。

地方政府：分析本地就业市场需求并将需求提供给成人教育中心及成人教育机构；建立成人教育机构；开设本地人力资源中心；向教育和科学部和成人教育中心提出开设各类成人教育项目的建议；为成人教育项目提供地方财政资助；向本地成人教育机构提供财政支持；制定成人教育招生政策。

除了上述成人教育主管机构，北马其顿的成人教育也要接受国家教育督查局和国家考试中心的监督管理。

三、成人教育机构

根据《成人教育法》第二条规定，北马其顿开展成人教育的机构主要有两类：一类是由学校、高等教育机构或专门的成人教育机构（如成人教育中心）开设；另一类由一般法人或自然人注册获批后开设。此外，《成人教育法》第五条规定，成人教育活动可以在符合法定条件的前提下，由公立或私立成人教育机构、培训中心、社会组织、雇主、行业协会或独立的培训讲师开展。因此，目前北马其顿可以提供成人教育服务的单位主要包括公立或私立成人教育机构，如开放公民大学、工人大学、教育咨询公司、培训中心、信息通信技术培训中心、职业指导中心、成人初等学校、中等学校、劳动和贸易联盟、企业、行业协会、专业团体和大学。

除了上述机构、组织和实体以外，图书馆、博物馆、出版社、文化中心等也会开展不同形式的非正式成人教育。根据北马其顿教育和科学部的统计，2017 年，北马其顿共有经过认证的成人教育项目 165 个，其中 75 个项目位于斯科普里市，23 个项目位于比托拉市，16 个项目位于泰托沃市。[1]

[1] 资料来源于欧盟委员会 Eurydice 数据库。

四、成人教育的规模

北马其顿国家统计局在2016年开展了全国成人教育统计调查，统计结果显示，截至2016年，北马其顿处在25—64岁的人群共有1 180 558人，其中共有150 112人参与了各种类型的成人教育，成人教育参与比例为12.7%。表8.1展示了2016年北马其顿25—64岁成年人总人数和各个年龄段的人数、参与成人教育的人数，以及参与成人教育人数占25—64岁总人数和各年龄段人数的比例。

表8.1 2016年北马其顿成人教育年龄分布统计[1]

年龄段（岁）	总人数		参与成人教育的人数		
	人数	占比（%）	人数	占比（%）	参与率（%）
25—64	1 180 558	100	150 112[2]	100.1[3]	12.7
25—34	324 820	27.5	67 046	44.7	20.6
35—44	306 714	26.0	41 993	28.0	13.7
45—54	287 447	24.3	27 018	18.0	9.4
55—64	261 577	22.2	14 055	9.4	5.4

从表8.1中可以看出，北马其顿近一半的正在接受成人教育的人群集中在25—34岁。表8.2则是北马其顿参与成人教育的人口按照性别和学历背景划分的统计情况。表8.2显示，在北马其顿的成人教育参与者中，男性比女性稍多，但总体差异不大；具有高等教育学历的人群参与成人教育的意愿更强，超过三分之一的人群在完成高等教育后会继续参与各类成人教育。

[1] Државен Завод за Статистика. Анкета за Образование на Возрасни Лица[R]. 2016: 14.

[2] 此处为作者自行加总后所得数据，报告原文为“150 111”，疑似存在错误。

[3] 此处百分比只保留了一位小数，存在四舍五入，所以加总后不是100%。

与之形成鲜明对比的是，学历为初等教育或未完成初等教育的人群参与成人教育的比例极低，仅 1% 的初等教育及以下学历的北马其顿成年人参与到了成人教育当中。

表 8.2 2016 年北马其顿成人教育性别和教育背景统计 [1] [2]

教育背景	总人数	成人教育参与情况		
		参与人数	参与率（%）	未参与人数
全部人数（25—64 岁）	1 180 558	150 111	12.7	1 030 447
初等教育及以下	381 296	3 739	1.0	377 557
中等教育	554 081	52 296	9.4	496 785
高等教育	245 181	89 076	36.3	156 105
全部男性人数（25—64 岁）	597 447	80 550	13.5	516 897
初等教育及以下	156 861	2 243	1.4	154 618
中等教育	322 441	36 661	11.4	285 781
高等教育	118 145	41 646	35.2	76 499
全部女性人数（25—64 岁）	583 111	69 561	11.9	513 549
初等教育及以下	224 435	1 496	0.7	222 939
中等教育	231 640	20 635	8.9	211 005
高等教育	127 036	47 430	37.3	79 606

表 8.3 是 2016 年北马其顿成人教育类型及参与者的就业情况统计，可以看出，在北马其顿参与人数最多的是非正式学习，其次为非正规教育，正规教育的规模最小。同时，在所有参与成人教育的人员中，大部分为已经就业或非经济活动人口 [3]，未就业人口占比最小。

[1] Државен Завод за Статистика. Анкета за Образование на Возрасни Лица[R]. 2016: 15.

[2] 本表中的数据均来自北马其顿国家统计局发布的《成人教育调查（2016 年）》第 15 页中的原始数据，部分数据可能因统计方法、分类方法等原因有总数与各分项之和不相等的情况。

[3] 非经济活动人口指劳动年龄内有劳动能力、未参加或者不要求参加社会经济活动的人口，如在校学生、待学人员、退休人员、家务劳动人员及其他无就业意愿的人员。

表 8.3 2016 年北马其顿成人教育分类型和就业情况统计 [1]

	正规教育	非正规教育	非正式学习
总计人数	47 083 [2]	122 567	795 089
已就业人口	26 732	107 390	523 195
未就业人口	5 311	6 370	115 626
非经济活动人口	15 040	8 807	156 268

五、成人教育的课程

如前所述，北马其顿的成人教育主要分为三种类型，即正规教育、非正规教育及非正式学习，其中非正式学习的涵盖范围最广，包括了各种以自我提升或解决生活中遇到的实际问题为目的的学习活动，如自行查阅资料对家中的设施进行维修和参观博物馆等活动。[3] 由于此类学习活动没有明确的研究范围，北马其顿官方也未作正式的统计，因此，在本节中我们不将其作为主要研究对象进行讨论。

正规教育即针对非在校生的成人（25—64 岁）学历教育，主要在成人初等教育学校、普通高中、职业高中及大学里开展。参与者所学的课程与常规教育中所学课程一致，但是以非全日制的形式参与学习。在完成学业并通过相关考试后，成人教育的参与者可以获得和常规教育学生相同的文凭（初等教育和中等教育）或学位（高等教育）。关于此类教育的课程安排，请参见本书第五章至第七章的相关小节。

[1] Државен Завод за Статистика. Анкета за Образование на Возрасни Лица[R]. 2016: 17.

[2] 此处为作者自行加总后所得数据，报告原文为“47 082”，疑似存在错误。

[3] Државен Завод за Статистика. Анкета за Образование на Возрасни Лица[R]. 2016: 10.

本节我们着重关注的是成人教育中的非正规教育。此类教育通常由各类成人教育机构开展，以课程、工作坊、在职培训等形式进行，是北马其顿成人教育中除非正式学习以外参与人数最多的教育形式。表 8.4 展示了 2016 年北马其顿非正规教育涵盖的学习领域、教学形式以及参与人数。

表 8.4 2016 年北马其顿非正规教育的学习领域、教学形式及参与人数 [1][2]

	授课或活动类型			
	课程	工作坊	在职培训	私教课
总计	24 389	69 480	41 483	4 443
一般项目	—	2 348	1 527	—
教育类	—	10 688	5 654	—
人文和艺术类	15 646	6 487	4 675	—
社会科学、新闻和信息	—	2 533	1 572	—
商业、管理和法律	2 698	18 770	5 662	—
自然科学、数学和统计学	—	1 911	—	—
信息和传播技术	4 713	4 055	3 199	—
工程、制造和建筑	1 782	3 970	4 986	—
农业、林业、渔业和兽医	—	—	1 881	—
健康和福利	—	10 521	5 670	—
服务业	4 839	7 018	6 106	—

从表 8.4 中可以看出，北马其顿的非正规成人教育覆盖了社会生活中的各个领域，其中最受欢迎的学习领域是商业、管理和法律，而参与人数最

[1] Државен Завод за Статистика. Анкета за Образование на Возрасни Лица[R]. 2016: 21.

[2] 本表中的数据均来自北马其顿国家统计局发布的《成人教育调查（2016 年）》第 21 页中的原始数据，部分数据可能因统计方法、分类方法等原因有总数与各分项之和不相等的情况。

多的教学形式是工作坊。此外，根据《成人教育调查（2016 年）》的统计数据报告，在参与非正规成人教育的北马其顿人中，有超过 5 万人参加了两项或更多的成人教育项目，而提供这些非正规成人教育项目的主要是专门的成人教育机构以及企业雇主。

第二节 成人教育的特点

一、成人教育的发展有很大提升空间

北马其顿目前成人教育主要的目标群体为 25—64 岁的成年人，教育形式主要分为颁发常规文凭或学位的正规教育、由各类成人教育机构提供的非正规教育以及包含各类自主学习活动的非正式学习。根据北马其顿国家统计局的数据，2016 年北马其顿参与各种形式成人教育的人口占同年龄段总人口的 12.7%。而在同一年，根据欧盟统计，欧盟各国平均的成人教育参与率达到了 44.4%。[1] 由此可见，北马其顿的成人教育参与率仍处在较低水平。在参与成人教育的人群中，以具有高等教育学历背景的人群以及在职人群为主，成人教育的提供方则主要是专业的成人教育机构以及企业雇主。整体来看，北马其顿的成人教育以职业技能教育项目为主，成人教育参与率较低，成人教育覆盖的学习领域以及成人教育覆盖的人口范围均有很大的提升空间。

[1] 资料来源于欧洲统计局官网。

二、成人教育的欧洲（盟）化

除了上述的基本情况外，北马其顿成人教育的另一个特点是欧洲化。与其他教育层次的情况相似，无论是在成人教育政策或战略的制定过程中，还是在成人教育政策的具体行动方案中，政策参考欧盟标准和教育内容以欧洲国家为导向都是北马其顿成人教育的重要特征。这样做的好处是能够为北马其顿在较短时间内确立起一套符合欧盟标准的成人教育体系，为北马其顿加入欧盟提供更加有利的条件。

三、成人教育的发展忽略本国的社会现实

北马其顿在政策上的欧洲化或欧盟化在一定程度上忽略了本国的社会发展现实。例如，北马其顿自 2011 年起在国内推广终身学习理念，并随后出台了《2017—2020 年终身学习战略》等政策文件，希望能够在北马其顿实现终身学习型社会的建设。然而，从上文统计数据中可以看到，2016 年仅约十分之一的处于 25—64 岁的成年人参与到了北马其顿的各类成人教育项目当中。联合国教科文组织在其官网上对北马其顿《2017—2020 年终身学习战略》的评述中也写到："终身学习理念在北马其顿社会当中并未深入人心，也没有具体体现在教育规划当中。北马其顿将欧盟倡导大众学习的方针奉为圭臬，为了达到加入欧盟的标准，而向其民众大力推广终身学习的理念"。[1]这为与北马其顿处在相似发展状态的国家提供了经验和教训，提醒政策制定者在引入发达国家的教育制度时，不能脱离本国社会发展的实际情况纸上谈兵，而要一切从实际出发，制定符合本国现实的教育政策和目标。

[1] 资料来源于联合国教科文组织官网。

正是由于成人教育的政策对于社会发展需要和社会发展现实的体现不足，北马其顿成人教育面临着一系列的问题与挑战。在下一节中我们将具体讨论北马其顿成人教育目前面临的挑战以及北马其顿政府提出的对策。

第三节 成人教育的挑战和对策

一、面临的挑战

北马其顿成人教育目前面临的挑战主要在于项目设置、社会意识、财政资助、教育合作以及质量监管等方面。

（一）成人教育项目设置

北马其顿现有成人教育体系要求过于严苛，成人教育学习时间过长，效率较低。目前的成人教育不认可学习者曾经的学习经历，所有学习者都需要从头开始学习，不能从与自己能力相匹配的教育阶段直接开始学习。这样的要求使得许多人不愿意参与成人教育，而没有教育学历又使得他们无法参与职业资格认证或职业教育，导致这些人难以在就业市场中找到合适的工作。

除了成人教育体系存在的问题外，北马其顿的成人教育课程和项目还存在着供给数量不足、课程内容无法满足劳动市场需求等问题。同时，北马其顿当前的成人教育项目大多数为职业培训类项目或课程，而在艺术、社会以及文化等其他学习领域的成人教育项目资源较少，无法提供足够的学习机会。

（二）社会上的成人教育意识

如同我们在第二节中讨论过的，北马其顿成人教育的参与度仍处在较低的水平，社会大众对于成人教育机会及成人教育能够带来的益处的认识较为不足。尽管在北马其顿当前的成人教育活动中，在职人员是主要的学习者，而企业雇主也是主要的学习机会提供者之一，但从整个社会的角度来看，依然有大量的公司或企业没有认识到在职培训对于企业发展的帮助，同时企业职工也缺少关于接受成人教育的权利和义务的认识。

（三）财政资助

财政问题在北马其顿各个层次的教育中都是“老生常谈”。受北马其顿经济发展现状的限制，北马其顿政府难以为成人教育提供充分的财政支持。根据 2010 年的统计资料，北马其顿的成人教育公共经费支出约占国民生产总值的 0.02%，远低于中等收入国家的平均水平（约 0.11%），甚至低于低收入国家的平均水平（约 0.04%）。[1] 同时，政府也缺乏对于企业资助职工参与成人教育的鼓励政策，企业雇主缺乏资助其职工接受各类在职培训的意愿。根据 2019 年的统计资料，北马其顿仅约 10% 的在职员工参加过由企业出资、时长 5 天或 5 天以上的成人教育培训，处在世界中等偏下水平。[2]

（四）成人教育合作

北马其顿的成人教育系统与市场上的企业等经济部门缺少合作，不管是国有企业还是私人企业都较少同成人教育机构开展教育合作。国有企业

[1] 资料来源于联合国教科文组织官网。

[2] 资料来源于联合国教科文组织官网。

普遍只重视员工的学历，而忽视员工入职后的长期教育。私人企业同样也缺少与成人教育机构合作的意愿。由于在一定程度上与就业市场脱节，北马其顿的成人教育系统难以获得来自企业的资金支持，也缺少对企业职工职业发展需求的了解，这加剧了北马其顿成人教育机构的资金缺口，且使得成人教育项目和课程设置难以满足企业或地方经济发展的需求。

（五）质量监管

如何建立有效的质量监管体系也是北马其顿目前成人教育发展面临的一大挑战。虽然根据《成人教育法》的规定，北马其顿教育和科学部与成人教育中心等机构会对成人教育机构和项目进行资格认证，但是，目前对于已经获得认证的机构开展的成人教育项目的质量缺乏监管，也缺乏对成人教育全过程的统计数据追踪。此外，在提供非正规成人教育的机构中，有资格授予国家认可的培训证书的机构数量很少，很多成人教育机构只能以机构形式申请培训证书授予资格，无法针对单个培训项目独立申请培训证书授予资格。无法授予国家认可的培训证书也是北马其顿成人教育缺乏吸引力的一个重要原因。

二、提出的对策

针对上述提到的北马其顿成人教育目前面临的问题和挑战，北马其顿教育和科学部在《2018—2025 年教育策略和行动计划》中提出了三项主要的对策以及预期的改革成果。[1]

[1] Ministry of Education and Science of the Republic of Macedonia. Education Strategy 2018—2025 and Action Plan[M]. Skopje: Ministry of Education and Science of the Republic of Macedonia, 2018: 135-141.

（一）提高成人整体知识技能水平

建立非正规教育及非正式学习认证体系，向所有参加非正规教育和非正式学习的公民提供国家认可的培训或学习证书，提升成人教育和终身学习的吸引力及北马其顿社会劳动力的竞争力；提高成人初等教育的效率，提升整体人口的受教育水平；支持成人完成中等教育，提高成年人群体的整体能力水平；为有特殊需求的成人接受成人教育提供更多机会；为因犯罪被收监的成人提供完成初等教育、中等教育及职业教育的机会；提升社会公众对于成人教育重要性的认识，提高公众参与成人教育的积极性，增加公众参与成人教育的机会。

（二）增加成人教育供给，提高成人教育质量

修改并简化成人教育机构和成人教育项目的认证程序，增加成人教育项目数量，提供更多满足劳动市场需求的成人教育资源；改善和加强成人教育项目的监督，建立成人教育的外部质量评估机制；建立国家层面的成人教育教师培训系统，提高成人教育教师的专业能力，促进成人教育质量的提升。

（三）加强成人教育的立法、组织和管理

为成人教育的可持续性运作和成人教育系统的改革发展提供财政保障；开发针对成人教育项目和成人教育机构的数字化管理系统，为成人教育政策的制定提供最新的统计数据支持；对提高成人教育投资以及出台政策鼓励雇主资助职工参与成人教育开展可行性调研。

第九章 教师教育

第一节 教师教育的发展和现状

一、教师教育的发展沿革

北马其顿正规教师教育的历史开始于前南斯拉夫马其顿人民共和国时期。在第二次世界大战后，北马其顿的教师教育在学习时长、教育层次和教学质量等方面都得到了较大的发展，教师教育逐渐正规化和现代化。1945年，北马其顿的第一所师范学校在斯科普里市建成。这所学校提供高中层次的师范教育，招生对象为希望从事教师职业的初等教育毕业生。1946年，比托拉市和斯蒂普市分别建立起一所高中师范学校。由于当时的北马其顿（即作为前南斯拉夫加盟共和国的马其顿人民共和国）十分缺乏受过正规师范教育的教师，因此又在比托拉市和斯蒂普市当地的普通高中里建立起了多个师范课堂，提供和师范学校同样的正规师范教育。此外，在斯科普里市、比托拉市以及斯蒂普市还为初等教育教师开设了为期3个月的暑期培训课程。不久后，该培训课程的学习时间延长至6个月。1948—1949学年，北马其顿的师范学校学制为四年，而到了1953—1954学年，北马其顿师范学校的学制延长至了五年。[1]

除了高中层次的师范学校以外，北马其顿于 1947 年在斯科普里市开设了第一所“高中后”层次的师范学校——圣克里门特·奥赫里德斯基师范职业学校。“高中后”师范职业学校学制为两年，面向有志于从事教师职业的高中毕业生。学校开设之初共有 5 个教学班级，而到了 1953 年，圣克里门特·奥赫里德斯基师范职业学校已经扩大到了 17 个教学班级，由此可见当时的北马其顿社会对于接受过正规师范教育的教师人才的需求非常之大。1961 年，根据当时的《高等教育法》的要求，圣克里门特·奥赫里德斯基师范职业学校升格为开展高等教育的圣克里门特·奥赫里德斯基教育学院。学院下设两个系，分别为初等教育系和中等教育系。1947—1995 年，该校一共为北马其顿社会培养了约 13 000 名专业教师人才。[2] 从 1995 年起，圣克里门特·奥赫里德斯基教育学院正式并入斯科普里大学，成为大学下属的圣克里门特·奥赫里德斯基教育系。如今，该系是北马其顿规模最大的高等师范教育机构。

除了斯科普里市，又一所“高中后”师范职业学校于 1959 年在斯蒂普市建成，并在不久后转设为师范学院。1964 年，比托拉市也建成了一所本地师范学院。随后，这两所师范学院分别并入戈采·德尔切夫大学和比托拉大学，成为这两所大学下属的教育科学系和教育系。[3]

---

[1] BARBAREEV K, ANGELESKA N. Teacher education in FYRO Macedonia[M]//LOUGHRAN J, HAMILTON M L. International handbook of teacher education, Nicosia: HM Studies and Publishing, 2018: 301-315.

[2] 资料来源于斯科普里大学圣克里门特·奥赫里德斯基教育系网站。

[3] BARBAREEV K, ANGELESKA N. Teacher education in FYRO Macedonia[M]//LOUGHRAN J, HAMILTON M L. International handbook of teacher education, Nicosia: HM Studies and Publishing, 2018: 301-315.

二、教师教育的目的

北马其顿教师教育的主要目的是为学前教育和基础教育培养教师人才，服务社会发展需要。以戈采・德尔切夫大学的教育科学系为例，该系师范专业的教育目标包括：在本地、区域和国家层面上促进教学活动和教师职业发展；增强师范专业学生的教育专业知识及对教育活动的批判性视野；培养师范专业学生独立计划和组织教学的能力以及和各方沟通协调的能力；培养师范专业学生的责任心、独立性及团队合作能力。

三、教师教育机构

北马其顿法律规定，所有教育层次的教师都应该具有大学本科以上的学历。根据所教授的科目不同，教师教育的专业和内容各不相同。学前教育和初等教育阶段的全科教师通常毕业于大学的学前教育专业或初等教育专业，而初等教育和中等教育的专业课教师（如美术、音乐、数学、英语、社会等学科的教师）则应该毕业于大学中与自己所教课程相对应的专业，同时需要完成教师资格课程。以斯科普里大学教育系的教师资格课程为例，该课程时长为 15 天，学习内容包括教育学、教育心理学和教学方法。

目前，北马其顿开展学前教育和初等教育师范教育以及开设教师资格课程的机构有：斯科普里大学教育系、斯科普里大学哲学系下属教育研究院、比托拉大学教育系、戈采・德尔切夫大学教育科学系、泰托沃国立大学哲学系。

相比于学前教育和基础教育（包括初等教育和中等教育）教师，高等教育的教师不需要接受专门的师范教育，也没有专门培养高等教育教师的教育机构。北马其顿的高校可以自主选聘符合学校自身发展需求的教师。

总体来说，与我国目前高校教师的基本要求相似，北马其顿高校聘用学术教师时一般要求其必须拥有所教授专业领域的博士学位。

在成人教育方面，北马其顿《2018—2022 年成人教育战略》提出：要发展成人教育学，在高校中开设成人教育学专业，培养成人教育专家；对毕业于所教授学科对应大学专业的成人教师进行师范培训；将成人教育教师的学历要求降低，允许没有大学本科学历但在专业领域有专长的人才担任成人教育教师。目前，斯科普里大学哲学系下属的教育研究院已经开设了成人教育学的本科、硕士研究生和博士研究生层次教育。

四、教师教育课程

根据法律规定，各高校对其开设的课程有完全的自主权。因此，师范教育专业的具体课程设置在每所学校也都有所不同。根据欧盟统计报告的结果来看，北马其顿师范教育专业的课程主要由 60% 的必修课、30% 的专业选修课和 10% 的大学选修课组成。[1] 在师范教育专业的第一年，专业课程覆盖的主题通常较为广泛，包括未来教师教育、学校在社会中的功能、年轻群体文化、教师的角色、心理学、跨文化教育、社会价值与习俗等内容。到了第二年和第三年，学生开始学习基本的教学方法，学习如何设计课程，了解不同学生的教育需求以及学习如何在学校中开展工作。从第三年开始，学生开始进行专业实践，也就是教师实习。根据北马其顿《国家高等教育质量框架》的规定，师范教育专业的学生除了要在学校完成相关的专业课程，还应该参与总计时长不少于 30 天的教师实习。每所大学会根据实际情况，自行联络、确定开展实习的学校并自行设定实习内容。以

[1] ANASTOSKA-JANKULOVSKA M, SKIKOS H. Teacher Education and Training in the Western Balkans: Report on the Former Yugoslav Republic of Macedonia[R]. Warsaw: European Commission, 2013: 19.

戈采・德尔切夫大学教育科学系为例，该系与斯蒂普市的所有初等教育学校及两所幼儿园建立了共同开展师范教育专业学生实习的合作关系。根据戈采・德尔切夫大学教育科学系的规定，实习分为教学方法实习和教育实践。在教学方法实习部分，学生首先会被介绍至合作的学校或幼儿园，熟悉学校或幼儿园的日常生活及教学活动。随后，学生会在真实的课堂上学习每个学科的教学方法，并训练独立计划、组织和实施学校或幼儿园日常教学的能力。教育实践在大学第四年的第二学期进行，时长为期 3 周，由大学的学前教育专业和初等教育专业的系主任负责组织实施。在教育实践期间，学生会在实际教学中对自己在大学以及实习中学习到的教学方法进行实践，大学的专业课教师会对学生在学校或幼儿园的实践成果进行评估。

通过为期 4 年的师范专业学习，学生在毕业时会在知识、技能、态度和价值三个层面达到担任教师的基本要求。表 9.1 展示了北马其顿教育和科学部对于师范教育毕业生的基本要求。

表 9.1 北马其顿师范教育专业毕业生应具备的教育能力[1]

教育能力	具体要求
知识层面	・理解学生成长规律
	・拥有教授课程的实际能力
	・能够通过设计、使用和改编教学材料来实现教学目标
	・理解学生的发展方式、个体差异及需求
	・了解教育相关的法律法规及学校制度
	・学会如何开展教育研究

[1] ANASTOSKA-JANKULOVSKA M, SKIKOS H. Teacher education and training in the Western Balkans: Report on the Former Yugoslav Republic of Macedonia[R]. Warsaw: European Commission, 2013: 19.

续表

教育能力	具体要求
技能层面	· 有能力设计、管理和发展教学环境
	· 拥有组织和管理教学过程的能力
	· 拥有课堂交流能力
	· 拥有教学规划能力
	· 能够设定教学目标
	· 有能力辅导学生学习
	· 有能力开展评估测试
态度和价值层面	· 尊重学生的个体差异
	· 对待工作有专业态度
	· 与家长紧密合作
	· 促进和发展与社区内各方的友好关系

五、教师支持

在北马其顿的教育系统中，新入职的教师在开始工作的第一年一般被称为新手教师或学徒教师，在此期间，学校会指派有经验的指导教师来帮助他们尽快适应学校的工作。为新手教师提供支持的指导教师应该拥有至少 6 年以上的教师工作经验。然而，在实际操作中，由于每所学校的师资力量和管理形式不同，对于新手教师的指导方式和内容并不固定。在一些学校，指导教师对于新手教师的帮助仍然存在欠缺。

在 2013 年欧盟出版的《西巴尔干教师教育和培训——前南斯拉夫马其顿报告》中提供了一个关于斯科普里市 Boro Petrusevski 职业教育高中（以下简称 BP 职业中学）的教师支持的成功案例。这一案例可以帮助我们了解北马其顿学校的教师支持是如何运作的。

在BP职业中学，所有教师会被分为三个组。每组由一名符合资质的指导教师担任组长。组长会在每个月对每名教师进行至少一次的随堂听课，考察教师的教学方法及课堂氛围。听课时间由双方共同商定，听课后组长和教师会共同讨论授课情况以及提出教师培训需求。

每名教师本人会将他们的全部教学工作（如考试、课堂展示、备课工作等）记录在专门的教育文件夹中。每学期期末，每名教师都要对一学期的教学工作做出书面报告。组长根据随堂听课情况、教师的工作报告以及其他学校活动的参与情况，负责为每名教师建立教师档案，并为每名教师一学期的工作成果打分，满分为15分。当教师累计获得超过15分后，将会获得培训、交流访问以及旅游等机会作为奖励。

在学期中，校长会根据教师的随堂听课情况选定人员参加教师培训。在寒假期间，学校还会举办约15个培训活动。培训活动的参与者一般是新手教师或在某些方面有专门需求的教师。培训参与者会反复参加同一培训项目，直到他们在该培训领域的业务水平确实得到提高。培训的主题包括：备课质量提升、评估和考试、创造性教学、与学生的沟通以及冲突解决等。所有培训活动都由BP职业中学有经验的教师组织开展。[1]

六、教师发展和继续教育

北马其顿《儿童保护法》《初等教育法》《高等教育法》等法律规定，所有教师均有获得职业发展和职业培训机会的权利。但是，由于北马其顿财政水平和教育发展水平有限，目前北马其顿的教师发展和继续教育项目

[1] ANASTOSKA-JANKULOVSKA M, SKIKOS H. Teacher education and training in the Western Balkans: Report on the Former Yugoslav Republic of Macedonia[R]. Warsaw: European Commission, 2013: 21.

的开展主要依靠国际合作和援助。例如，北马其顿基础教育阶段的教师发展和继续教育项目就得到了美国国际开发署的资助。在美国国际开发署的资助下，北马其顿开展了“教师专业和职业发展计划”（Teacher Professional and Career Development Project），目标是设立清晰的教师职业资格要求，吸引高素质人才加入教师队伍，帮助新手教师更好地开展工作，提高教师专业能力以满足学生学习的需求，提升学校校长的专业能力，保障在职教师的教学质量和自主学习，支持教师的专业能力提升和发展，提高教师工作积极性。[1] 除了与美国国际开发署的合作以外，自 2008 年起，北马其顿教育和科学部还与联合国儿童基金会合作开展了“早期数字和读写能力教师教育项目”（Teacher Education Programme on Early Numeracy and Literacy）。该项目旨在提高初等教育一至三年级教师的数学和语文的教学能力，让北马其顿的初等教育教师能够教授高质量的数学和语言读写课程，同时建立高效和可持续的教师发展模式。[2] 除了美国国际开发署和联合国儿童基金会，世界银行、开放社会基金会、“一步一步”（Step by Step）基金会等国际组织及捐赠人也参与到了北马其顿的教师发展和继续教育当中。

第二节 教师教育的特点和经验

一、教师教育的特点

北马其顿正式的教师教育在数十年的发展中，从高中职业教育历经几

[1] 资料来源于欧盟委员会 Eurydice 数据库。

[2] UNICEF. Teacher Education Programme on Early Numeracy and Literacy in the Former Yugoslav Republic of Macedonia Monitoring Note 2[R]. 2015.

次升格，如今成为北马其顿高等教育（师范专业教育）和成人教育（在职教师继续教育）的一部分。北马其顿目前的教师教育体系与我国的教师教育或师范教育体系有所不同：一是北马其顿目前的师范教育主要由综合性大学的教育系或哲学系开展，而不是由专门的师范大学开展；二是北马其顿的师范专业主要培养的是学前教育和初等教育阶段的全科教师，而其他专业的科任教师则需要先获得所任教专业的大学本科及以上学历，再通过接受师范培训获得教师资格。举例来说，北马其顿中小学中的数学教师并不是由大学的教育系培养，而是要获得任意一所大学的数学专业本科及以上学历，然后通过参加师范课程学习，才能获得成为数学教师的资格。

二、教师教育的经验

虽然北马其顿的教师教育体系和培养路径与我国以师范专业为主的教师教育和培养体系有显著的差异，但对我国师范教育改革仍有可借鉴的经验。在 2018 年出台的《中共中央国务院关于全面深化新时代教师队伍建设改革的意见》中，国家明确指出要“建立以师范院校为主体、高水平非师范院校参与的中国特色师范教育体系”。吸引高水平的非师范院校学生加入教师队伍可以提升教师队伍的整体素质和学科专业能力。然而，一系列针对非师范专业教师的研究也揭示出非师范生在教育理论和教育实践等方面存在着知识和能力的欠缺，[1][2][3] 仅通过教师资格证考试不能有效地确保非师

[1] 廖美盛，邹明媚．中小学非师范类教师职业能力现状调查研究——以江西省上饶市为例 [J]．黑龙江教育学院学报，2016（10）：33-35.

[2] 景浩荣．宁夏新入职非师范类特岗教师专业发展现状调查分析 [J]．宁夏师范学院学报，2019（11）：14-19.

[3] 田晓苗，石连海．教师培养：从去师范化到新师范教育 [J]．国家教育行政学院学报，2019（3）：53-59.

范专业毕业生的教育教学能力和素质。[1][2] 在这方面，我国可以借鉴北马其顿及其他国家的经验，通过设立专门的师范培训机制，对有志向从事教师职业的非师范院校毕业生进行专门培训，使非师范生获得系统化的教育理论知识以及教育实习锻炼的机会，帮助非师范生实现从学科专业人才到专业教师人才的蜕变。

第三节 教师教育的挑战和对策

本节我们主要关注北马其顿的教师教育目前面临的挑战以及北马其顿应对这些挑战的对策。

一、面临的挑战

北马其顿教师教育目前面临的挑战主要体现在以下五个方面。[3]

（一）师范教育专业的设置和录取

师范教育专业的课程设置较为落后，无法满足从事特殊教育和跨文化教育的学生的需求；师范教育专业中的教育实习部分设计理念落后，无法满足培养面向未来教育的教师的需求；师范教育专业在录取学生时对学生

[1] 张燕华，郑国民．非师范生获得教师资格证的前置条件探讨与政策建议 [J]．河北师范大学学报（教育科学版），2015（6）：88-92.

[2] 教师资格证国考能考出高素质的教师队伍吗？[J]．教育与教学研究，2017（8）：91-129.

[3] ANASTOSKA-JANKULOVSKA M, SKIKOS H. Teacher education and training in the Western Balkans: Report on the Former Yugoslav Republic of Macedonia[R]. Warsaw: European Commission, 2013: 33-34.

的价值观和职业态度的考察不足；师范教育对于学习成绩优秀的学生缺乏吸引力。

（二）教师职业发展

教师参与在职培训的机会不足，培训内容对真实教学环境以及教师在实际教学中遇到的问题的针对性不够强；政府和学校对教师参与在职培训缺乏鼓励机制；国家对教师在职培训的宣传不足，缺乏支持教师职业发展的学习材料；教师缺乏使用现代信息传播技术开展教学创新的信心；在学校中实际参与教师职业发展项目的人数较少；缺少对于从事特殊教育的教师的培训；学校中指导教师对于新手教师的指导帮助不足；政府提出的教师职业晋升系统未能得到有效实施。

（三）教师教育质量

国家缺乏针对在职教师培训的质量管控机制，在职教师教育主要局限于对教学和管理水平不足的教师提供支持和帮助，但缺少对其他教师的职业发展和教学水平提升等方面的帮助，缺少对于优秀教师的培养。此外，北马其顿的教师每周法定的工作时间为 40 小时，其中包括 20—30 小时的课堂教学和 10—20 小时的备课、学生辅导及学校行政等工作。然而，在实际工作中，教师的行政工作负担普遍过重，因而无法保障教师培训的时间和质量。

（四）教师教育政策和行政管理

教师职业发展政策落实严重拖延，如 2005 年就已颁布的《2005—2015

年马其顿共和国教育发展策略》中设计的教师职业晋升系统至今未能落地实施；对于政府提出的教师教育和教师职业发展计划的执行情况缺乏全国范围的调查评估；地方政府对于教师教育和教师职业发展的支持不足；教师、高校、学校以及社会各方在教师教育方面缺乏有效的合作。

（五）教师教育资源

教师教育活动受到有限的财政经费的限制，缺乏可持续性；对于教师培训缺少资助；缺乏教师培训的专业教学资料。

二、提出的对策

从第一小节不难看出，北马其顿的教师教育与该国的其他层次教育面临着相似的问题和挑战。一方面，在近二十余年的欧洲化进程中，北马其顿吸纳了欧盟及欧洲发达国家的相关教育政策和制度，有着较为完整和高标准的顶层设计；但是，在另一方面，由于受社会发展现状和财政能力的限制，政府提出的许多政策只能停留在构想阶段，中央政府和地方政府间缺乏合作，政策涉及的各方也缺乏执行力，导致政策难以落实，教师教育中的问题和挑战难以得到实际的解决。第一小节中提到的许多问题和挑战早在 2013 年欧盟出版的《西巴尔干教师教育和培训——前南斯拉夫马其顿报告》中就已经进行了总结，[1] 并且欧盟在该报告的结尾处从地方层面、国家层面、西巴尔干地区层面以及欧盟层面为北马其顿政府提出了超过 30 条

[1] ANASTOSKA-JANKULOVSKA M, SKIKOS H. Teacher education and training in the Western Balkans: Report on the Former Yugoslav Republic of Macedonia[R]. Warsaw: European Commission, 2013.

具体的政策建议和行动方案[1]。然而，相似的问题和挑战在2018年欧洲学者出版的关于北马其顿教师教育的研究文献中被再次指出。[2]在北马其顿教育和科学部发布的《2018—2025年教育策略和行动计划》中，教师教育并没有被当作一个独立的教育层次，北马其顿教育和科学部也没有提出专门针对教师教育的政策及行动方案，而是将其作为其他教育层次中教育政策的一部分，对教师教育的发展做出了规划，这些内容在本书第四章至第八章中每章的第三节均有介绍和讨论。总的来看，北马其顿教育和科学部提出的关于教师教育的政策和行动计划包括：建立教师职业晋升体系，为各个层次学校中的教师提供更多职业培训和职业发展机会，为教师培训活动提供资金保障等。然而，根据我们上文的介绍和分析，与此相似的政策和计划在北马其顿其实早已被提出，造成北马其顿教师教育当前面临问题的主要原因并非政策不足，而是政策执行不到位，政策涉及的各方合作意愿低，以及政府财政资金不足等。这些问题与北马其顿的整体社会发展水平紧密相关，仅通过提出新的政策就解决这些长期存在的问题显然需要画上一个问号。

---

[1] ANASTOSKA-JANKULOVSKA M, SKIKOS H. Teacher education and training in the Western Balkans: Report on the Former Yugoslav Republic of Macedonia[R]. Warsaw: European Commission, 2013: 35-36.

[2] BARBAREEV K, ANGELESKA N. Teacher education in FYRO Macedonia[M]//LOUGHRAN J, HAMILTON M L. International handbook of teacher education, Nicosia: HM Studies and Publishing, 2018: 301-315.

第十章 教育政策

在第四章至第九章中，我们已经对北马其顿的教育体系分层次进行了考察。在前述各章内容的基础上，本章我们将从更为宏观的视角考察北马其顿当前的整体教育政策以及教育政策执行的现状。在第一节中，我们将首先从法律、规范、策略和行动方案三个层面梳理北马其顿现行的各项教育政策和规划。在第二节中，我们将结合案例，对北马其顿在教育政策实施过程中遇到的问题和挑战进行梳理和讨论。通过阅读本章，读者将对北马其顿在教育领域出台的重点法律法规、政策文件以及在教育政策执行过程中遇到的困难、挑战有更深入的了解。

第一节 政策与规划

在这一节中，我们将对近五年来北马其顿在教育领域出台的主要法律、规范、策略和行动方案等进行梳理，并对其中的核心内容进行总结和解读。本节共分为三个小节，在第一小节中，我们将梳理北马其顿针对教育领域出台的各项法律及每项法律的修订时间，并对每项法律的核心要点进行解读；在第二小节中，我们将聚焦北马其顿政府在教育领域颁布的各项规范和指南；在第三小节中，我们将介绍北马其顿针对教育领域提出的各项策略和行动方案。

一、教育法律

北马其顿教育领域重点法律及核心内容见表 10.1。

表 10.1 北马其顿教育领域重点法律及核心内容

法律名称	最近修订时间[1]	核心内容
《初等教育法》	2020 年	对北马其顿的初等教育（即一至九年级）做出了具体的规范，共包含 13 个部分，186 项法条。对初等教育的原则和目标、学校设立条件、教学活动、教学条件、教师、校务管理、办学经费来源等均做出了具体的规定；明确了初等教育在北马其顿属于义务教育，所有适龄儿童均应接受初等教育，学费和书本费等由国家承担。在 2019 年的修订中，特别强调了初等教育阶段的包容性和非歧视性，明确规定不同文化背景、种族以及有身体残疾的学生均应享受平等的初等教育机会。
《中等教育法》	2020 年	对北马其顿的高中教育做出了具体的规范，共包含 14 个部分，124 项法条。对高中教育的基本原则、学校设立条件、教学活动、高中的类型、课程及教学评估方式、教师、考试、财政来源等均做出了具体的规定；明确了中等教育在北马其顿属于义务教育，学生有义务接受普通高中、职业高中或艺术高中教育，相关费用由国家承担；法人或自然人可以按照法律要求，在北马其顿注册开设私立高中；不同文化背景、种族及身体健康状况的学生均应享有同等的中等教育权利。
《职业教育与培训法》	2019 年	对各个层次的职业教育做出了具体的规范，共包含 9 个部分，46 项法条。对职业教育的基本体系、办学目标、办学层次、办学机构、师资、校务管理、财政资助以及教学监督等方面做出了具体的规定；职业教育主要包括高中职业教育、高等职业教育及成人职业教育；所有完成了初等教育的北马其顿公民均可以参与职业教育或培训；职业教育的教学机构包括职业高中、艺术学校、大学以及职业培训中心等；职业教育的目的是培养掌握专业技能的劳动力，学生在完成职业教育后可以获得国家认可的职业资格证书。

[1] 时间截至 2021 年 1 月。

续表

法律名称	最近修订时间	核心内容
《高等教育法》	2018 年	对高等教育做出了具体的规范，共包括 17 个部分，228 项法条。对高等教育的基本原则、目标、管理制度、高等教育机构类型、高校的建立条件和章程、大学生的权利和规范、学生组织、高等教育质量监督体系、高校合作、大学管理层的选举、办学经费、课程设置、学位授予、招生录取、高校教师聘用标准和职称评定、外国学历认证等方面做出了明确的规定；高校拥有完全的自治权利，保障高校的学术自由、管理自由、办学空间自由、财务自由以及人事自由，大学的办学自主权不容侵犯；宗教团体以及外国机构可以依法设立高等教育机构；大学生有权依法参与学校管理，每所大学的校务委员会中应有至少一名由学生选举产生的学生代表；为本科至博士研究生阶段的高等教育的发展确立了基本目标，并提供了法律制度的保障。
《成人教育法》	2016 年	对成人教育做出了具体的规范，共分为 8 个部分，51 项法条。对成人教育的基本原则、教育类型、教育目标、教育机构类型和管理、地方政府职责、社会合作、课程设置、成人教育项目审核、财政拨款等方面做出了明确的规定；规定了成人教育的三种类型，即正规教育、非正规教育及非正式学习。在此基础上，明确了公立学校、成人教育中心、地方政府等各方在成人教育中的角色和责任，为成人教育发展提供了法律指导。
《学生标准法》	2019 年	共有 13 个部分，93 项法条。对国有学生宿舍及受国家奖学金资助的私有学生宿舍的建设、运营、管理、使用等方面进行了明确的规定，明确学生宿舍的主要功能包括为学生提供住宿、饮食、学习、保健、文化体育娱乐等，宿舍由国家、地方自治政府或其他自然人根据需求建立，国有宿舍免费或以政府指定的价格提供给学生，而私有宿舍则以市场价提供给学生，学生可以通过申请国家奖学金来获得宿舍费用资助；学生可通过公开申请入住学生宿舍，收入低于最低工资水平的家庭的学生可以优先申请入住学生宿舍。

续表

法律名称	最近修订时间	核心内容
《教育服务办公室法》	2018 年	共有 5 个部分，14 项法条。对教育服务办公室的职责、工作范围、人力资源、管理、财政来源等做出了具体的规定；要求在教育和科学部下增设教育服务办公室，负责促进北马其顿学生的心理、社会、文化等方面的健康发展；教育服务办公室应该与教育发展局、国家教育督查局、科研院所、地方自治政府、学校等紧密合作，为学生、家长及教师提供有关学生教育、文化、社会、心理等方面的指导和咨询服务。
《教育发展局法》	2018 年	共有 6 个部分，265 项法条。要求在教育和科学部下增设教育发展局，负责调查研究北马其顿各个层次的教育发展情况，并就国家的教育发展工作提出相应的策略；对教育发展局的职责和工作内容、组织形式、资金来源、管理机构等做出了明确的规定；明确教育发展局应该针对各个层次教育的发展情况进行调查和研究，并向教育和科学部提出政策和策略的建议，同时还负责向学校提供教育咨询服务，为各层次学校的教学活动发布指导手册和规范等。
《国家考试中心法》	2018 年	共有 7 个部分，23 项法条。对国家考试中心的职责、管理委员会、考试试卷保密管理、财政拨款、监督等方面做出了明确规范；要求设立独立的国家考试中心，负责各个教育层次的考核评估等工作；明确国家考试中心是北马其顿具有独立法人资格的机构，负责中小学学生和教师成绩的外部考核、中小学校长资格考核、国家毕业考试的组织和协调等工作，是国家教育质量把控体系中的重要负责部门。
《初等和中等教育教材法》	2018 年	是针对中小学使用的教材和教辅材料制定的专门法律，共有 7 个部分，35 项法条。对中小学教材的基本原则、编写委员会、出版流程、使用以及撤销使用等方面做出了具体的规定；明确中小学教材统一由国家教材委员会编写，每门课程只批准一套专用教材，经批准使用外文教材的课程，可配套编写一套教辅材料；教材一般使用马其顿语和基里尔字母编写，针对以其他语言为母语的学生可出版相应语种的教材；在义务教育阶段，学校在每学期初向学生免费提供教材，学生应在学期末将教材退还给学校。

从表 10.1 中可以看出，北马其顿在教育领域的立法较为细致，通常会针对某一具体问题设立法律。除了表 10.1 中摘录的法律及其核心内容外，北马其顿在教育领域还有许多立法，如《教育督查法》《创新活动法》《终身学习开放公民大学法》《建立泰托沃国立大学法》《建设斯蒂普戈采·德尔切夫大学法》等。这些法律共同组成了北马其顿教育实践和教育政策的法律基础，为北马其顿教育政策的制定和教育发展提供了法律保障。

二、教育规范和指南

在表 10.2 中，我们总结了近五年北马其顿政府针对教育领域提出的各类规范和指南。这些规范和指南的核心要点已经在标题名称中有了较为清晰的概括，因此不再重复介绍。不难看出，北马其顿政府出台的教育规范和指南主要是针对具体事项的解决方案或操作流程，而非规划性纲要。这些规范和指南为北马其顿政府以及各个教育层次的学校开展日常工作提供了指导。

表 10.2 北马其顿近五年教育领域的规范和指南摘录

文件名称	发布时间
《关于为海外马其顿公民子女选拔母语初等教育教师的方式和程序的规范手册》	2016 年 2 月 10 日
《关于为海外马其顿公民子女提供初等教育的教师的工资的确定和支出程序的规范手册》	2016 年 2 月 10 日
《关于学生宿舍中学生营养和膳食标准的规范手册》	2016 年 2 月 26 日
“小学教育辅导计划”	2016 年 2 月 29 日

续表

文件名称	发布时间
“中学教育辅导计划”	2016 年 2 月 29 日
《关于体育学院学生获取学生宿舍住宿权的方式的规范手册》	2016 年 3 月 24 日
《关于在职业教育最后一学年中选举最佳学生的方式的规范手册》	2016 年 5 月 31 日
《关于初等和中等教育中专业助理人员的基本职业能力的规范手册》	2016 年 10 月 20 日
《公立学校资助获取和分配指导手册》	2016 年 12 月 30 日
《〈关于在职业教育最后一学年中选举最佳学生的方式的规范手册〉的修订和补充规则手册》	2017 年 1 月 27 日
《关于在市、大区和国家一级组织和实施初等教育各个学科学生竞赛的方式和详细规则的规范手册》	2017 年 3 月 2 日
技术教育课程开发方法	2018 年 10 月 24 日
基于能力的模块化课程编制方法	2018 年 10 月 24 日
《关于在职业教育和培训中颁发 ECVET 学分和积分的指南》	2018 年 10 月 24 日

三、教育策略和行动方案

北马其顿政府近五年来针对教育领域提出的各类策略和行动方案主要有《2014—2020 年马其顿共和国创业学习策略》《2016—2020 年马其顿共和国国家就业策略》《2016—2025 年国家青年策略》《2017—2019 年教育和科学部策略计划》《2018—2020 年教育和科学部策略计划》《2018—2025 年教育策略和行动方案》《2019—2023 年成人教育策略》，其中许多文件都是本书第四至第九章的重要参考文献。以下将对其中最具代表性的《2018—2025 年教育策略和行动方案》（以下简称《策略和方案》）进行重点介绍和解读。

《策略和方案》于 2018 年由北马其顿教育和科学部在欧盟的资助下组织专家编写并出版发行，有马其顿语、英语和阿尔巴尼亚语三个版本。《策略和方案》共分为 7 个章节，158 页。[1] 第一章对北马其顿的社会、经济和政治条件进行了梳理；第二章对北马其顿当前的教育体系进行了介绍；第三章中提出了北马其顿在 2018—2025 年教育发展的愿景和目标；第四章介绍了《策略和方案》的编写方式；第五章分小节对北马其顿的学前教育、基础教育、职业教育、高等教育、成人教育等的现状、问题和发展目标进行了详细梳理和讨论；第六章介绍了《策略和方案》的执行和监督评估方式；最后一章对《策略和方案》中的各项发展目标提出了具体行动方案，包括每项策略的行动计划、执行部门、预期时间表、预期成果等。

《策略和方案》是北马其顿近年来针对教育领域提出的覆盖教育层次最为全面的战略文件之一，为北马其顿 2018—2025 年各个层次教育的发展改革提出了系统目标和具体行动方案。《策略和方案》可以作为研究北马其顿当前教育政策的重要参考文献。

第二节 实施与挑战

在第一节中，我们综述了北马其顿的各类教育政策文件，包括教育法律、教育规范、教育策略及行动方案等。这些文件为北马其顿的教育发展提供了法律和政策上的指引和支持。本节我们将对北马其顿当前的教育系统进行整体考察，从以下四个方面讨论北马其顿教育法律和政策在实施过程中存在的问题和面临的挑战。

[1] 此处以《策略和方案》的英文版为例。

一、现存教育法律缺乏统筹规划

从第一节中可以看出，与我国教育立法的特点不同，北马其顿的教育法律数量多，内容细，会为设立某个行政机构或一所大学而专门立法。这样的立法方式一方面在更大程度上将政府的行政行为纳入法律的监管范围，但是另一方面，也会造成法律系统庞杂、不同法律间可能存在重叠甚至冲突的情况。到目前为止，北马其顿还未进行过教育相关法律的系统性回顾考察，存在针对同一问题重复设立不同法律或不同法律针对同一问题规定有冲突的情况。这给相关法律的实施和执行造成了困难和挑战。此外，北马其顿当前的教育法律也存在着未完全覆盖教育领域的问题。例如，北马其顿目前缺少学前教育法律，导致与学前教育相关的事宜只能通过《儿童保护法》进行规范，无法体现出学前教育作为一个独立的教育层次的特质和重要性。同时，随着北马其顿社会的不断发展以及申请加入欧盟进程的推进，《高等教育法》也亟须得到修改，以便满足北马其顿社会对于高等教育人才的需求及欧盟对于成员国的法律要求。

二、教育数据统计系统不够完善

北马其顿的教育数据统计系统仍不够完善，存在数据统计的覆盖范围不够全面、统计数据准确性不高、不同统计报告中的统计口径不一致、统计数据更新不及时等问题。例如，在北马其顿国家统计局发布的初等和中等教育统计报告中，统计数据主要以学校类型为分类标准。然而，在北马其顿国家统计局发布的高等教育统计报告中，统计数据则是以学生和教职工类型为分类标准。统计口径的不一致导致研究者和政策制定者难以对不同统计报告中的数据进行横向对比。此外，北马其顿的统计部门在统计教育数据时采用的方法也较为落后，目前仍在使用纸质表格及问卷。这导致统计过程复杂，消耗大量人力物力，但统计结果的精确度难以保证。同时，北马其顿目前缺乏数字化的统计数据管理平台，检索统计数据十分困难。很多时候，研究机构和政府部门不得不自行采集相关数据，造成了时间和人力等资源的浪费。上述问题也使得北马其顿政府在制定教育政策时缺少可靠的数据支持，为北马其顿政府有效地评估政策执行效果带来了挑战。

三、政策制定过程缺乏社会参与

尽管在北马其顿的众多法律法规中都强调将社会各界纳入教育政策制定的过程中来，但是在实践中，社会各界并没能有效地参与政府的教育决策过程。例如，在第七章“职业教育”中我们曾经提到，根据北马其顿政府的规定，企业应积极参与到职业教育中来，为职业教育的学生提供实习实训机会及配备企业导师。然而，由于政府缺少对于此类校企合作的政策和资金支持，企业参与职业教育实习实训的意愿并不高，一些职业学校只能以校内开办的培训工作坊代替真实企业中的实习实训。造成此类社会参与不足的原因主要可以归纳为两个方面：一是北马其顿并未形成政府与社会各界在教育政策方面开展对话的相关机制，二是政府部门的代表与社会各方均缺乏就教育政策制定开展对话合作的经验和能力。为了解决这一问题，北马其顿教育和科学部提出了设立教育政策发展局的计划，希望教育政策发展局能够成为政府与社会各方对话的牵头人，借此机会将政府与社会各界的对话合作法制化、制度化，并通过立法的方式为社会各方参与教育政策制定过程提供资金保障。

四、政策制定与社会经济发展不匹配

教育政策与社会经济发展情况不匹配是北马其顿在教育政策执行过程中遇到众多问题和挑战的一个重要原因。由于北马其顿社会和经济发展较为落后，教育投入在欧洲处于较低水平，较为依赖欧盟及其他国际组织的资金援助。例如，本章第一节中提到的《2018—2025年教育策略和行动计划》等教育领域的研究报告和战略文件就是在欧盟的资助下才得以完成的。然而，北马其顿的教育政策对标的是欧盟标准，与北马其顿当前的社会经济发展水平不相适应。例如，北马其顿《儿童保护法》规定，学前教育教师应具有本科以上学历，但是北马其顿大学毕业生人数目前呈逐年下降的趋势，符合要求的毕业生数量不足造成了北马其顿学前教育教师供不应求，学前教育覆盖率难以提高。此外，北马其顿在《初等教育法》《中等教育法》《职业教育与培训法》等法律中要求学校大力推广和应用信息媒体技术，要为每名学生配备可供学习使用的计算机。但由于政府拨款有限，至今仍有许多学校无法为学生提供，教师对于各类信息媒体技术的使用也相当有限。与之相似，北马其顿在法律中对每所学校的场地、基础设施、活动设施、班级容量等均做出了对标欧盟标准的规定。但事实上，在斯科普里市以外的许多学校，特别是农村地区的卫星学校，往往面临着教学设施年久失修或根本无法提供法律规定的学习设施的问题。由于上述问题都与北马其顿社会经济发展紧密相关，所以解决这些问题必须依赖于北马其顿国家整体社会经济实力的改善和发展。

第十一章　教育行政

第一节　中央教育行政

北马其顿的教育和科学部是该国在中央层级上主管各类教育事务的行政部门，负责计划、组织和实施国家级别的各项教育决策。教育和科学部除下设负责管理教育事务的单位和机构外，还包括教育发展局、教育服务办公室、民族语言教育和发展局、国家教育督查局等。除教育和科学部及其下设机构外，由北马其顿中央政府直接管理的国家考试中心、职业教育和培训中心、成人教育中心，以及由北马其顿议会立法设立的国家欧洲教育项目和交流处也在北马其顿国家教育行政事务中扮演着重要的角色。本节我们将首先对上述各机构的组织架构及主要功能进行介绍，然后按照教育层次对北马其顿目前，特别是在新冠肺炎疫情影响下正在进行的教育改革进行探究。

一、主要教育管理机构

（一）教育和科学部

教育和科学部是北马其顿法定的负责教育管理的行政部门，其职责和管理范围包括：北马其顿国内各种类型和学历层次的教育；北马其顿的教育和科学活动的组织、财政支持、发展和革新；在海外工作、生活的北马其顿公民的子女的母语教育；北马其顿国内各类教育相关职业的资格认证；北马其顿大中小学学生标准的制定；国家技术创新、信息系统、科技文化的发展；北马其顿的国际科技合作等。图 11.1、图 11.2 和图 11.3 展示了北马其顿教育和科学部的内部组织架构。由于版面限制，我们将完整架构图分为三张插图进行展示。需要注意的是，图中每个处级单位（如初等教育处）下设的各个部门采用了竖向排列的方式，但是各部门之间属平级关系，共同直属于相应的处级单位。

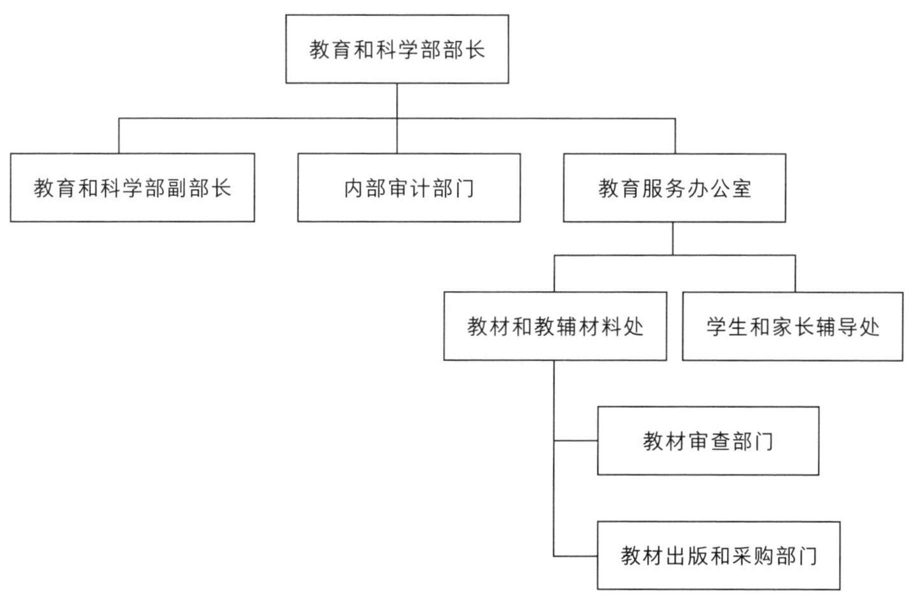

图 11.1 北马其顿教育和科学部内部组织架构（一）[1]

[1] 资料来源于北马其顿教育和科学部官网。教育发展局、教育服务办公室、民族语言教育和发展局、国家教育督查局是由教育和科学部管理的独立（外部）机构，故在北马其顿教育和科学部官网的内部组织架构图中没有包含。

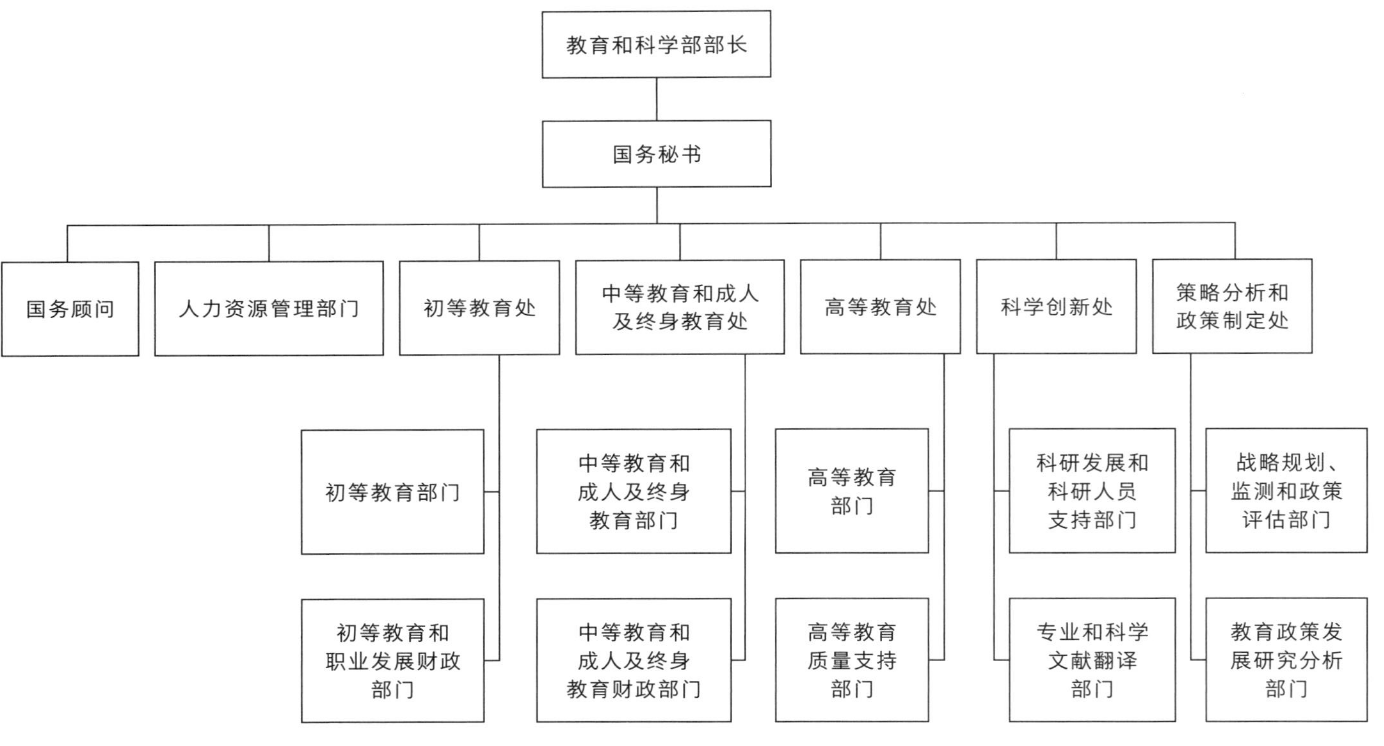

图 11.2 北马其顿教育和科学部内部组织架构（二）[1]

[1] 资料来源于北马其顿教育和科学部官网。

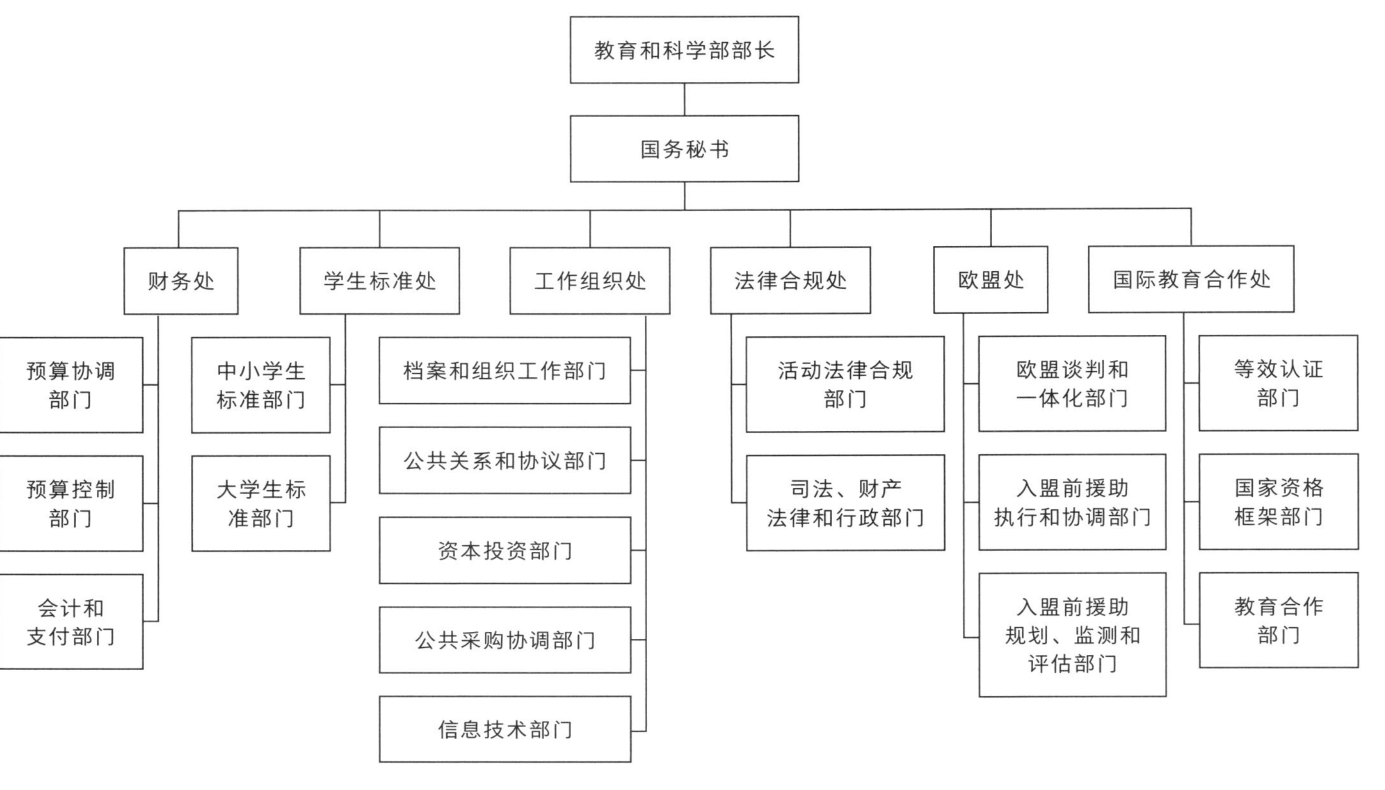

图 11.3 北马其顿教育和科学部内部组织架构（三）[1]

[1] 资料来源于北马其顿教育和科学部官网。

1. 教育发展局

教育发展局是隶属于北马其顿教育和科学部的一个教育管理机构，具有独立法人资格，主要负责组织实施对北马其顿教育事业的发展和促进有重要意义的专业活动。北马其顿教育发展局的历史可以追溯至 1955 年（前南斯拉夫时期）成立的教育促进与研究所。目前，教育发展局的工作覆盖了北马其顿的学前教育、基础教育、职业教育、高等教育、特殊教育、成人教育，以及居住在海外的北马其顿公民子女的母语和文化教育。该局致力于通过课程开发、教育研究、教师培训和教育咨询、学生成绩评估、教学材料出版等方式支持各层次学校的教学活动，为北马其顿年轻一代提供优质的教育机会和教育资源，帮助他们更好地融入北马其顿社会的整体发展当中，最终促进北马其顿国家整体教育水平的发展进步。

教育发展局由局长直接领导，设有一名副局长，内部主要包括 10 个职能部门，分别是教育系统发展和课程开发部门、教育研究部门、教师专业发展和专业咨询工作部门、出版活动部门、学生和教师成绩研究和评估部门、后勤部门、财务部门、人力资源管理部门、内部审计部门、战略规划和政策制定及监测部门。

教育发展局总部设在首都斯科普里，并在比托拉、韦莱斯、戈斯蒂瓦尔、库马诺沃、奥赫里德等地区设有办公室，在当地开展各类教育咨询和教育指导工作。[1]

2. 教育服务办公室

教育服务办公室是北马其顿教育和科学部下属的行政机构，其主要的

[1] 资料来源于北马其顿教育发展局官网。

服务范围包括：根据教育机构的需要，与教职工、校长、地方政府及学生家长合作开发适应需求的教育服务模式；为学龄前儿童和学生提供心理咨询和心理辅导服务；利用现有的教育资源为学龄前儿童和学生组织各类课外活动和培训班，促进学生的全面发展；建立并发展国家儿童心理学家服务网络，直接或间接地协助家长和教育工作者提高学龄前儿童和学生的人格、心理、社会、文化和教育发展水平；就北马其顿国家教育政策向教育和科学部部长提出专业指导意见；通过借鉴欧洲成功的教育和心理学实践及现代化的教学工具，解决北马其顿国内学校在教育过程中遇到的问题；鼓励和组织教育机构开展教育学和心理学有关的研究项目；提出促进学龄前儿童和学生心理健康发展的措施和计划；为学龄前儿童和学生家长提供教育咨询服务，提出解决家长和学生间冲突的措施；对从事与学龄前儿童和青少年学生相关工作的人员进行人格心理测试；提出在教育机构中构建健康的学习工作环境的计划和措施；为有特殊教育需求的学生提出更好的心理、社会、文化和教育发展的计划和措施；为国家教材委员会的工作提供必要的行政支持；负责选拔教材编写人员以及审稿人；出版经过批准的教材，并在教育和科学部网站上公开相关信息。[1]

3．民族语言教育和发展局

民族语言教育和发展局是北马其顿教育和科学部的下设机构，包括两个职能部门，一是阿尔巴尼亚语、土耳其语、塞尔维亚语、罗姆语、阿罗马尼亚语和波斯尼亚语部门，二是各民族儿童和平和权利部门。该局的主要工作是确保北马其顿各个少数民族的儿童使用母语接受教育的权利，促进各民族儿童的和谐共处和权利平等。[2]

[1] 资料来源于 Академик（学术）教育信息数据库。

[2] 资料来源于 Академик（学术）教育信息数据库。

4．国家教育督查局

国家教育督查局是北马其顿教育和科学部下属的国家行政机构，局长由教育和科学部部长提名、北马其顿政府任命。该机构负责监督北马其顿国内教育标准的执行、教育质量的保证、教育机构工作的评估、教材的使用、课外活动的组织、中小学招生、教师选拔、大中小学教学档案的建立和保存、教育经费的使用、教育相关法律法规的实施等工作。国家教育督查局对学前教育机构、小学、中学、成人教育机构及特殊教育机构的教育活动开展检查，同时也对高校和科研机构教学科研活动的合法性进行监督。

国家教育督查局的检查和监督通过国家教育督察员开展。国家教育督察员由教育和科学部部长根据国家教育督查局局长的提名进行任命，督察员人选除了应该满足北马其顿《公务员法》的基本要求，还应受过高等教育、拥有教师资格并在教育和科学部认可的教育机构中有 5 年以上的工作经验。[1]

（二）国家考试中心

国家考试中心是由北马其顿政府直接管理的独立机构，但是其工作经费来源于教育发展局编列的预算。国家考试中心负责在北马其顿组织和开展各类考试，包括国家毕业考试以及 PISA（国际学生评估项目）、TIMSS（国际数学与科学趋势研究）、PIRLS（国际阅读素养进步研究）等国际测试项目。此外，国家考试中心还会定期发布国家级、地区级和社区级的学生学业水平报告和相关信息，并根据北马其顿《免费获取公共信息法》的要求，免费提供给有需要的个人或单位。[2]

[1] 资料来源于北马其顿国家教育督查局官网。

[2] 资料来源于北马其顿国家考试中心网站。

（三）职业教育和培训中心

职业教育和培训中心是为北马其顿国内所有对职业教育感兴趣的个人或单位（包括社会合作伙伴、教育机构、学生、教师等）提供职业教育支持和发展机会的公共机构。该中心的工作计划和章程需要经过教育和科学部的批准，活动资金来源于北马其顿国家预算以及该中心对外提供服务所得的收入。

职业教育和培训中心的主要工作集中在北马其顿国内职业教育和培训的监督、评估、研究、推广以及项目开发等领域。具体包括：分析和研究北马其顿国家职业教育体系、结构及职业教育的层次和类型；为北马其顿国家职业教育设计新的教育体系并提供执行方案；对北马其顿国家职业教育系统的各个组成部分（包括教学计划、流程、组织、技术、人员、职业规范等）进行改革创新并提出执行方案；研究北马其顿国内和国际职业教育发展趋势；研究北马其顿国内和国际劳动市场；制定和评估北马其顿国家职业标准；制定国家职业资格框架；制定国家职业教育标准（如教学大纲、课程标准等）；与社会各界建立合作伙伴关系，共同支持北马其顿职业教育的规划、发展和实施；监督职业教育机构和学校对国家职业教育课程标准的实施情况；培训职业教育专业教师；为职业教育教师提供专业建议和指导；加强北马其顿与国际机构的职业教育合作。

职业教育和培训中心的使命和愿景是提供满足北马其顿劳动市场需求的优质职业教育和培训，为提高青年就业率、提高北马其顿的经济效率和竞争力做出贡献。[1]

[1] 资料来源于北马其顿职业教育和培训中心网站。

（四）成人教育中心

成人教育中心是北马其顿负责成人教育工作的公共机构，于 2008 年 11 月成立。该中心的使命是为北马其顿构建一个实用的、现代化的并且符合欧盟标准的成人教育系统。该系统将根据北马其顿人民的需要提供高质量的成人学习机会和获得相应职业资格的机会，增加人口的就业能力，培养创业精神，满足北马其顿劳动市场的需求。

成人教育中心的主要目标是为北马其顿的社会经济发展做出贡献，满足北马其顿劳动市场的需要，并帮助北马其顿人民实现个人的发展。

成人教育中心的主要任务包括：协调和整合北马其顿成人教育资源，维护社会各方的权益；协助国家开展成人教育领域的国际合作；通过建立成人教育标准，构建符合欧盟标准的成人教育质量保障体系，提供高质量的正规和非正规成人教育；在社会各方的支持下，为北马其顿的劳动市场提供高质量的和有竞争力的劳动力。[1]

（五）国家欧洲教育项目和交流处

国家欧洲教育项目和交流处由北马其顿议会立法设立，设立该机构的主要目的是为了在北马其顿国内推广和执行与欧盟相关的合作项目，覆盖教育、培训、青年发展和体育等领域。自 2014 年起，在国家欧洲教育项目和交流处的主导下，北马其顿成为欧盟资助的“伊拉斯谟 +”项目的成员。在“伊拉斯谟 +”项目框架下，北马其顿与欧洲其他国家开展了青年交流、职业培训、职业教育国际实习、大学生出国访学、欧洲志愿者服务、教师职业发展和培训、研究生联合培养等一系列的合作交流活动，为北马其顿

[1] 资料来源于北马其顿成人教育中心网站。

学生和教师的国际交流提供了机会。[1]

二、当前的教育改革

北马其顿政府于2018年正式发布了《2018—2025年教育策略和行动计划》，该文件可以认为是北马其顿政府近年来最为全面的教育改革策略和行动方案汇编。在本书第十章“教育政策”中我们已经对该文件进行了介绍，在本书的其他章节中，我们也多次引用了该文件中的相关资料。总之，《2018—2025年教育策略和行动计划》为北马其顿教育改革设立的目标是：为了北马其顿的经济发展和人民福祉，全力建设一个包容的、团结的、现代化的、以学生为中心的教育体系；保证北马其顿的下一代拥有足够的知识和技能，更好地建设北马其顿社会，满足全球科技进步背景下的劳动市场需求。[2]

在新冠肺炎疫情持续蔓延的背景下，2020年9月，欧盟委员会提出重振欧洲教育区（European Education Area）及数字教育行动方案（2021—2027）两项倡议，希望帮助欧洲教育从新冠肺炎疫情的打击中复苏。具体来说，欧盟委员会希望能够在2025年前后实现建立欧洲教育区的目标，实现欧洲教育发展的绿色和数字化转型，为欧洲各国人民提供高质量、高度包容且人人可负担的受教育机会。欧盟委员会特别强调，在疫情影响下，远程教育成为主流，因此建立高质量的数字教育在欧洲教育区计划中扮演着关键的角色。

根据北马其顿《2018—2025年教育策略和行动计划》的规划及欧盟委员会的倡议，北马其顿政府在2020年学前教育领域的改革主要体现为全面

[1] 资料来源于北马其顿国家欧洲教育项目和交流处网站。

[2] 资料来源于欧盟委员会 Eurydice 数据库。

发展和应用 EDUINO[1] 网络学习平台，为儿童提供居家学习的资源，保证在疫情期间停课不停学。同时，北马其顿政府还集中力量提升幼儿园的容量，为更多儿童提供学前教育机会。

在中小学层面上，北马其顿的教育改革主要体现为全面落实修订后的《初等教育法》和《中等教育法》，确保全国各地的中小学在新冠肺炎疫情期间能够顺利完成教学工作。同时，北马其顿政府还针对中小学教育的改革提出了《中小学远程教育发展计划》《初等教育计划》《初等教育国家测试计划》。

在高等教育层面，2018 年修订通过的《高等教育法》赋予了高校更多的自治权，允许高校自行开展校长选举、教师职称晋升和教学质量管理。《高等教育法》还大力鼓励北马其顿的大学生开展国际交流活动，为学生提供了参与大学治理和决策的机会。此外，根据法律规定，北马其顿将设立国家高等教育和研究委员会，探索新型大学和科研活动资助模式，加大国家在大学和科研领域的资金投入，提高北马其顿的高等教育质量。2020 年，国家高等教育和研究委员会的设立工作已经进入初步实施阶段。

受新冠肺炎疫情影响，北马其顿政府于 2020 年对《高等教育法》的实施做出了临时修改，将国家教育系统的主要力量集中在确保本、硕、博三个学历阶段的教学课程实施，确保考试成功组织以及确保学生评估顺利进行三个方面。为了减小疫情对学生学业的影响，北马其顿政府还出台法令，为高校学生减免部分学费，并为来自低收入家庭的学生减免部分住宿费或提供校外租房补贴。

在职业教育和成人教育层面，北马其顿政府在 2020 年新开设了三所区域性的职业教育和培训中心，分别是位于波洛格地区的泰托沃 Mosa Pijade 职业高中、位于东北地区的库马诺沃 Kiro Burnaz 职业高中及位于西南地区

---

[1] 该平台主要由北马其顿教育发展局负责管理。

的奥赫里德市立 Vanco Pitosevski 餐饮和旅游学校。此外，在 2019—2020 学年，北马其顿政府在位于卡瓦达尔奇、奥赫里德、普里莱普、比托拉、韦莱斯、斯科普里及戈斯蒂瓦尔的 7 所职业教育学校开展了双元制职业教育（Dual education）[1] 试点工作。双元制职业教育最先在德国开展，通过职业教育学校和企业合作，为学生提供同时在学校和企业学习的机会，学生毕业后直接进入对应企业工作。目前，北马其顿开展的双元制职业教育主要涉及三个职业岗位，分别是工业机电一体化技术员、机械制造技术员及电网电机维护电工。除了学历教育外，北马其顿政府在成人教育方面的改革主要集中在创造更多工作机会及提升劳动力水平，特别是年轻人、弱势群体和长期失业人群的就业能力和就业竞争力，为他们提供非正式学习和职业培训的机会。北马其顿在 2020 年完成了对非正规教育和非正式学习经历认证系统的测试工作，该系统计划于 2021 年正式投入使用，为接受了非学历教育的劳动力提供国家认可的学习证书和职业资格认证。

第二节 地方教育行政

一、地方教育行政概况

北马其顿的教育行政以中央政府为主导，由北马其顿议会和政府教育管理部门负责各类教育政策的制定、执行、财政资助、质量监督等一系列工作。根据《地方自治政府法》的规定，北马其顿地方政府主要负责建设

[1] 双元制职业教育在我国的职业教育体系中也已经有了实践。例如济南职业学院自 2010 年起尝试与在鲁德国企业合作，开展双元制职业教育，目前合作企业已经达到 16 家。此外，2020 年 5 月，苏州市发布了《双元制职业教育人才培养指南》地方标准，这是我国首个双元制职业教育标准。

学前教育和基础教育机构，配合中央政府执行相关教育政策，为学校办学提供资金支持。此外，北马其顿学前教育和基础教育阶段学生的交通接送、餐食及宿舍也由学校所在地的地方自治政府负责组织和管理。

二、地方教育行政案例

在本小节中，我们以北马其顿斯科普里大市和奥赫里德市的地方教育行政部门为例，通过梳理地方教育部门的行政架构和主要职责范围，进一步展示北马其顿地方教育行政的特点。

（一）斯科普里大市

通常来说，北马其顿的学前教育、初等教育和中等教育均由地方政府的教育部门管理。但是，斯科普里大市[1]的情况较为复杂，作为首都，斯科普里大市共包括10个自治市，每个市的教育局负责管理本市的学前教育和初等教育，中等教育则由斯科普里大市政府统一负责管理。斯科普里大市教育局是斯科普里大市政府直属的行政单位，负责监管大市范围内的教育活动。教育局下设两个部门，分别是教育部门和教育支持部门。斯科普里大市教育局的职责范围和工作重点包括：监管大市中等教育事务；分析大市教育发展情况并提出解决教育问题的改进措施；建设公立中学、学校宿舍以及成人教育机构；在大市中学、学校宿舍及成人教育机构派驻政府代表，参与机构决策和资金管理；监测大市学校运行情况并向大市政府提出政策建议；组织学生活动；提供斯科普里大市中等教育领域的信息和数据；

[1] 由于我国行政区划中没有“大市”这一概念，为了方便理解，斯科普里大市也被直接翻译为斯科普里市。本书中若无特别说明，则斯科普里市等同于斯科普里大市。

协调大市的学校和其他政府部门的合作。[1]

（二）奥赫里德市

奥赫里德市的教育行政单位是隶属于奥赫里德市公共活动局的教育部门，负责管理奥赫里德市的中小学，这也是北马其顿各市教育行政部门的主要运作方式。其主要职责包括：向政府和社会公众提供本市中小学教育情况的分析报告；编制本市中小学和学生宿舍的工作计划和实施办法；收集相关数据并为中小学招生提供专业建议；为本市中小学学生数量不足的班级拟定专门的建设方案；收集本市中小学学生入学率数据，并提出改进措施；监测有特殊教育需求的学生在中小学的学习情况；根据劳动市场需求，提出修改或补充现有中小学课程的方案；组织本市中小学的课外活动；建立本市中小学和学生宿舍的学生档案；对本市建设中小学、学生宿舍和成人教育机构提出专业建议；支持和协助本市中小学及学生宿舍的现代化改造；开展成人教育和培训活动；开展法律或法规要求的其他教育活动。[2]

[1] 资料来源于斯科普里大市教育部门网站。

[2] 资料来源于奥赫里德市教育部门网站。

第十二章 中北马教育交流

第一节 交流历史

一、1991 年建交至 1999 年

自 1991 年独立以来，北马其顿一直致力于融入国际社会，加入联合国。1993 年 4 月 7 日，联合国大会通过决议，同意北马其顿以“前南斯拉夫马其顿共和国”的临时国名成为联合国成员。中国在这次对北马其顿至关重要的投票中投了赞成票。同年 10 月 12 日，中国政府代表、时任中国常驻联合国特命全权大使李肇星和马其顿共和国政府代表、时任常驻联合国特命全权大使登科·马莱斯基在纽约签署了《中华人民共和国和马其顿共和国建交联合公报》，两国自此建立大使级外交关系。1994 年 7 月 18 日，北马其顿首任驻华大使弗拉迪米尔·佩特科夫斯基向中国国家主席江泽民递交国书。两国正式建交后在教育和文化领域开展了一系列的合作。两国于 1995 年 6 月签署了《中华人民共和国政府和马其顿共和国政府文化合作协定》，于 1997 年 6 月签署了《中华人民共和国文化部和马其顿共和国文化部 1997—1999 年文化合作执行计划》。

1999 年 1 月 27 日，由于北马其顿政府不顾中方反对，执意同中国台湾

当局建立所谓“外交关系”，严重损害了两国人民的根本利益和两国关系的基础。在中国多次严正交涉无效的情况下，中国政府于 1999 年 2 月 9 日宣布中止同北马其顿的外交关系。中国与北马其顿的教育文化交流也随即在世纪之交按下了暂停键。

二、2001 年复交至今

2001 年 6 月 18 日，北马其顿政府与中国台湾当局断绝了所谓的“外交关系”，中国与北马其顿于当日恢复了大使级外交关系，两国的教育文化领域合作也随之重启。[1]

2003 年 9 月，北马其顿作家协会代表团访华，两国作家协会签署了《中马作协合作协议书》。2005 年 6 月，中国和北马其顿两国的国家图书馆共同签署了《中马国家图书馆合作协议》。2007 年 12 月，两国签署了《中华人民共和国教育部和马其顿共和国教育和科学部教育合作协议》，为两国深化教育领域的合作提供了契机。[2] 2008 年 9 月，时任中国国务院副总理张德江访问北马其顿，两国签署了《中华人民共和国文化部和马其顿共和国文化部 2008—2011 年文化合作执行计划》。

进入 21 世纪的第二个十年，中国与北马其顿在教育领域的合作开始加速，双方教育行政部门互访更加频繁，一系列合作项目陆续落地。2011 年 11 月 25 日，中国政府援助北马其顿的 23 辆校车成功交付北马其顿。[3] 2013

[1] 中华人民共和国驻北马其顿共和国大使馆．中北马关系简况 [EB/OL]. [2021-03-29]. http://mk.china-embassy.org/chn/zbmgxjk4/t332397.htm.

[2] 中华人民共和国教育部．教育史上的今天 12 月 5 日 [EB/OL]. [2021-03-29]. https://www.edu.cn/edu/jiao_yu_bu/jys/201112/t20111205_715229_1.shtml.

[3] 中国新闻网．中国援助马其顿校车 改善该国学生学习环境（图）[EB/OL].（2011-11-26）[2021-03-29]. https://www.chinanews.com/gn/2011/11-26/3488475.shtml.

年 9 月 3 日，北马其顿首家孔子学院在斯科普里正式成立。[1] 2015 年，北马其顿教育部部长阿代米赴波兰出席第三届中国–中东欧国家教育政策对话论坛。同年，中国教育部批准了北京外国语大学开设马其顿语本科专业，标志着马其顿语言文化教育在中国正式开启。2016 年 6 月，甘肃省副省长郝远率领代表团访问北马其顿，会见北马其顿教育和科学部部长鲁特费尤、副部长里斯托夫斯基和文化部部长米雷夫斯卡，并出席了兰州交通大学与北马其顿信息科学与技术大学科技文化交流中心揭牌仪式。2018 年 10 月，北京市教委在北马其顿首都斯科普里举行了北京教育说明会。[2]

自 2020 年新冠肺炎疫情在全球暴发以来，虽然中国与北马其顿两国的人员来往受到了阻碍，但两国之间的教育合作依然在稳步推进。2020 年夏，中国科技部公布了《中国与北马其顿科技合作委员会第六届例会交流项目立项名单》，共批准了 20 项中国与北马其顿的科技合作项目。宁波工程学院教师主持的 4 项课题获批，课题研究内容涉及动力电池研究、污染防治、污水处理及新材料研究等领域。[3]

中国驻北马其顿大使张佐在 2021 年 2 月接受北马其顿 RTV21 电视台采访时表示："双方在中国–中东欧国家合作框架下，正稳步推动经贸、基建、农业、教育、医疗等多领域务实合作。我与北马其顿教育和科学部部长近日签署两国联合资助研发合作项目谅解备忘录。"[4] 这一积极表态标志着中国与北马其顿两国将在未来继续深化教育文化领域的合作，让更多惠及两国民众的教育文化合作项目落地生根，开花结果。

[1] 资料来源于斯科普里大学孔子学院官网。

[2] 中华人民共和国驻北马其顿共和国大使馆．中北马关系简况 [EB/OL]. [2021-03-29]. http://mk.china-embassy.org/chn/zbmgxjk4/t332397.htm.

[3] 宁波工程学院．五分之一中国–北马其顿国际科技合作项目被我校收入囊中 [EB/OL]. [2021-03-29]. https://www.nbut.edu.cn/info/1021/2980.htm.

[4] 中华人民共和国驻北马其顿共和国大使馆．北马其顿 RTV21 电视台播出对张佐大使的采访 [EB/OL].（2021-02-18）[2021-03-29]. http://mk.china-embassy.org/chn/sgxw/t1854941.htm.

第二节 现状、模式与原则

一、两国教育交流的现状和模式

当前中国与北马其顿的教育合作主要可以分为中国与北马其顿两国的双边合作以及在“一带一路”倡议和中国–中东欧“17+1”合作框架下的多边合作。

在双边合作方面，中国政府自2000年以来多次为北马其顿提供教育援助。2002年，中国政府援助北马其顿斯科普里大学语言系建立了汉语教学点；2003—2005年，中国政府共计援助北马其顿3 300台计算机、300台打印机及与之配套的计算机系统软件，总价值约合人民币5 000万元。这批计算机设备主要用于帮助北马其顿建立信息社会、改善学校教学条件、传授知识、培养人才等；2010年，中国政府援助修缮北马其顿的戈采·德尔切夫中学，为学校更换了教学楼门窗，粉刷内外墙壁及进行地面修复等，同时还为教室配备了桌椅、黑板等教学设施；2011年，中国政府援助了北马其顿23辆校车，用于改善北马其顿农村地区学生的交通条件。[1] 2016年，中国与北马其顿签署《中国政府援助马其顿教育网项目实施协议》。中国相关公司为北马其顿政府的e-Education建设计划搭建信息平台，并为斯科普里市部分中学建设远程教育系统和互动教室试点样板。到2016年年底，AiClass云课堂互动教室设备在北马其顿27所学校成功落地，并在2017年6月完成交付并用于教师培训。[2] 这一援助项目提升了北马其

[1] 腾讯评论．从援助马其顿的23辆校车说起 [EB/OL]. [2021-03-29]. https://view.news.qq.com/zt2011/macedonia/bak.htm.

[2] 天闻数媒．东南欧·援北马其顿政府教育网项目 [EB/OL]. [2021-03-29]. http://www.twsm.com.cn/case_show.aspx?id=18.

顿当地，特别是农村地区和偏远山区的教育教学水平，促进了北马其顿教育资源的均衡发展。[1]

新冠肺炎疫情的全球暴发并没有停止中国对北马其顿的教育援助。面对新冠肺炎疫情，北马其顿政府决定全面推广在线教育。针对北马其顿落后地区存在的网络学习设备紧缺等问题，2021 年 6 月 9 日，中国驻北马其顿大使张佐与北马其顿议会议长贾菲里共同前往比托拉基沙瓦村米希尔科夫小学，代表中国向该校捐赠了一批在线教学设备。贾菲里议长对中国大使馆的捐赠表达了感谢，认为中国大使馆此次捐赠的设备满足了在线学习需要，避免了贫困学生掉队，确保了受教育机会的公平。[2]

除了教育援助，中国与北马其顿的教育合作还包括设立留学奖学金、鼓励两国学生到对方国家学习、共同资助科研项目等。在两国政府的支持下，中国西南财经大学与北马其顿斯科普里大学合作建立了北马其顿第一所孔子学院，开展汉语和中国文化教育。此外，中国兰州交通大学与北马其顿信息科学与技术大学共同合作设立了兰州交通大学–北马其顿信息科学与技术大学科技文化交流中心、中国甘肃–北马其顿科技文化交流中心实验室。依托交流中心及实验室，两所合作院校规划了中方科技人员出访、接收北马其顿学生来华学习深造、共同申报科技合作项目等教育合作项目。[3][4]

在多边合作方面，中国和北马其顿之间已经启动或正在筹备启动的教育合作平台主要包括中国–中东欧国家教育政策对话、中国–中东欧国家高

---

[1] 中华人民共和国国务院新闻办公室．新时代的中国国际发展合作 [EB/OL]. [2021-03-29]. http://www.scio.gov.cn/zfbps/32832/Document/1696685/1696685.htm.

[2] 中华人民共和国驻北马其顿共和国大使馆．驻北马其顿大使张佐出席在线教学设备捐赠仪式 [EB/OL].（2021-06-10）[2021-06-21]. http://mk.china-embassy.org/chn/sgxw/t1882839.htm.

[3] 兰州交通大学．兰州交通大学–北马其顿科技文化交流中心建设项目学术交流活动在我校举行 [EB/OL].（2019-04-26）[2021-03-29]. https://www.lzjtu.edu.cn/info/1063/6274.htm.

[4] 兰州交通大学．中国甘肃–北马其顿科技文化交流中心实验室在北马其顿落成并投入运行 [EB/OL].（2019-10-14）[2021-03-29]. http://www.lzjtu.cn/info/1063/6970.htm.

校联合会、中国–中东欧国家教育能力建设项目、中国–中东欧国家高校联合教育项目及中国–中东欧国家青年发展中心等。[1]

二、两国教育交流的原则

中国与北马其顿的教育交流合作虽然只有20余年的历史，但是已经结出了丰硕的成果。两国的教育合作覆盖了多边合作和双边合作、政府间合作和教育机构间合作，合作项目包括教育援助、合作办学、共同资助和开展科学研究等多种形式。相互理解、相互尊重、因地制宜、互利共赢是中国与北马其顿两国教育交流合作取得成功所必须遵循的原则。中国和北马其顿都是多民族国家，有不同的历史背景、文化习俗、民族结构、宗教信仰和政治制度，只有相互了解彼此的国情特点、互相尊重彼此的核心利益，才能为两国的教育交流建立坚实的基础。同时，两国教育体制差异大，教育发展水平差异大，任何教育合作都应因地制宜，从两国实际出发。教育发展没有放之四海而皆准的唯一答案，只有相互学习、取长补短，两国才能在教育合作中携手前行，共同取得丰硕的成果。最后，中国始终在国际合作中坚持合作共赢，构建人类命运共同体。中国的发展从不以牺牲别国利益为代价，中国和北马其顿的教育合作亦是如此。随着两国关系的不断发展以及“一带一路”倡议和中国–中东欧合作等国际合作的不断加深，我们相信中国与北马其顿两国间的教育合作将会继续蓬勃发展、持续深入，为两国人民和社会带来更多的福祉。

[1] 中华人民共和国外交部．中国–中东欧国家合作杜布罗夫尼克纲要 [EB/OL].（2019-04-13）[2021-03-29]. https://www.fmprc.gov.cn/web/gjhdq_676201/gj_676203/oz_678770/1206_679474/1207_679486/t1654172.shtml.

第三节 案例与思考

一、教育交流合作案例

（一）斯科普里大学孔子学院

在本节，我们首先以中国与北马其顿教育合作的重要成果之一——北马其顿斯科普里大学孔子学院（以下简称斯科普里孔院）为例，介绍中国与北马其顿教育合作项目的发展历程及取得的成就。

斯科普里孔院于 2011 年起开始筹办。经过中北马双方的不懈努力，斯科普里孔院于 2013 年 9 月 3 日在北马其顿首都斯科普里正式成立。时任北马其顿总统伊万诺夫、教育和科学部部长里斯托夫斯基、中国驻北马其顿大使崔志伟、中国西南财经大学校长张宗益等出席了斯科普里孔院的揭牌仪式。斯科普里孔院除了开设不同层次的汉语课程外，还在北马其顿开展一系列中国文化推介活动，帮助北马其顿人民更好地了解当代中国社会的风貌。[1]

2013 年 11 月 19 日，斯科普里孔院第一批学生的入学典礼在斯科普里大学语言学院举行。孔子学院中外方院长和汉语教师，以及首期汉语班学员共 30 余人参加了典礼。2014 年 1 月 29 日，斯科普里孔院举办了学院落成以来首次，同时也是北马其顿历史上首次大型中国春节联欢晚会。北马其顿总统府、总理府、外交部、教育和科学部、文化部、内务部的政府官员，中国驻北马其顿大使馆政务参赞马立辉，北马其顿国立图书馆馆长伊万 · 扎洛夫，斯科普里大学领导和各学院师生代表，孔子学院全体学生，

[1] 资料来源于斯科普里孔子学院官网。

北马其顿各界友好人士，以及在北马其顿的中资机构代表共180多人欢聚一堂，共同庆祝中国马年春节。这次晚会受到了北马其顿各界的广泛关注，极大地增进了北马其顿人民对于中国传统节日和文化的了解。

2015年3月，斯科普里孔院在北马其顿知名葡萄酒企业内开设了第一个汉语教学点，为该酒业公司的职工开展汉语教学。在企业开设汉语教学点为两国经济交流、培养汉语人才开辟了新途径，扩大了斯科普里孔院在北马其顿的影响力。

2015年5月18日，由斯科普里孔院中方院长邓时忠教授主编、北马其顿和中国汉语教师共同编写的《汉语–马其顿语小字典》出版。《汉语–马其顿语小字典》的出版是两国教育合作交流的结晶，也是两国人民友谊的见证。

2016年8—9月，斯科普里孔院在NOVA国际学校开设汉语教学点，并举办了两场中国文化展示活动，吸引了NOVA国际学校120余名师生参与。

2017年10月6—7日，斯科普里孔院在北马其顿奥赫里德成功举办了“第三届中国–中东欧论坛”。“中国–中东欧论坛”每两年举办一届，旨在增进中国同中东欧国家间的理解和互信，促进中东欧各国对“一带一路”倡议的了解和认识。本届论坛的主题为“‘一带一路’倡议中人力资本的作用”。北马其顿总统伊万诺夫、中国驻北马其顿大使殷立贤、斯科普里大学校长尼古拉·杨克拉夫斯基出席论坛并致辞，来自中国、北马其顿、美国、澳大利亚、俄罗斯、塞尔维亚、罗马尼亚、斯洛文尼亚、阿尔巴尼亚、波兰、匈牙利、土耳其、印度、巴基斯坦、格鲁吉亚、卡塔尔、中国香港等17个国家和地区的专家、学者共计100余人出席了本届论坛。此次论坛是斯科普里孔院建院4年来第一次举办的大规模国际会议，使“一带一路”倡议在北马其顿受到了更加广泛的关注，对两国经贸、文化交流与合作发挥了积极的作用。同时，论坛的成功举办也提升了斯科普里孔院在中东欧地区的影响力和知名度，为孔院的发展奠定了坚实的基础。

2018 年 4 月 27 日，斯科普里孔院举行了汉语水平考试（HSK）考点揭牌仪式。斯科普里大学校长尼古拉・杨克拉夫斯基，西南财经大学党委副书记欧兵，孔子学院外方院长维拉特科・斯多尤柯夫、中方院长廖伟及孔院师生等逾 50 人出席了本次活动。斯科普里孔院作为北马其顿第一家也是目前唯一一家孔子学院，其 HSK 考点的设立结束了北马其顿只有汉语教学点没有汉语考点的状态，极大地方便了北马其顿的汉语学习者。该考点于 2019 年 5 月 11 日成功举办了 HSK 考试，此次考试覆盖 HSK 一级、二级、三级和四级，共有 26 名学生参加考试，由斯科普里孔院中方院长廖伟担任总监考。

进入 2020 年，新冠肺炎疫情在包括北马其顿在内的世界各国蔓延。斯科普里孔院尽一切努力保障教学的顺利进行。该院于 2020 年 3 月起全面实行网上授课，采用视频会议直播、幻灯片录像和即时通信工具群聊等方式开展线上教学，通过网络为学生提供云端“面对面”的课程教学、语音纠正、作业批改等指导。斯科普里孔院老师们的努力得到了北马其顿学生的一致好评，不少学生表示：“网上上课比较便捷，在这样的特殊情况下，依然能够正常学习汉语是令人非常感谢的事情。”[1] 2020 年 6 月 28 日，斯科普里孔院首次成功举办了汉语水平考试（HSK）居家网络考试。此次考试涵盖 HSK 一至五级，分 5 个考场进行，共有 43 名北马其顿学生参加。[2] 面对疫情，斯科普里孔院通过网络继续开展教学，除了举办 HSK 居家网络考试外，还举办了线上“汉语桥”比赛和线上暑期汉语课程班，并于 2020 年 10 月顺利地在线上开启了秋季学期的教学工作。

2021 年年初，虽然新冠肺炎疫情仍在持续，但斯科普里孔院克服困难，成功于 2021 年 2 月在普里莱普市新开设汉语教学点，并开启线上授课。此

[1] 资料来源于斯科普里孔子学院官网。

[2] 资料来源于斯科普里孔子学院官网。

外，斯科普里孔院还同比托拉和普罗比斯蒂普市政府和中小学校开展紧密合作，希望能够尽早在两市开设汉语教学点。

（二）兰州交通大学-北马其顿信息科学与技术大学科技文化交流中心

2016年3月28日，在中国科技部和甘肃省政府的指导和支持下，兰州交通大学与北马其顿信息科学与技术大学签署协议，成立兰州交通大学-北马其顿信息科学与技术大学科技文化交流中心（以下简称科技文化交流中心）。[1] 同年6月19日，科技文化交流中心揭牌仪式在北马其顿奥赫里德隆重举行。在科技文化交流中心的组织下，兰州交通大学和信息科学与技术大学签署合作备忘录，同意在学生交流、学者互访、联合建立教学和研究机构等方面开展全方位合作。[2] 同时，自2016年秋季学期起，信息科学与技术大学每年派遣学生到兰州交通大学交流学习。

经过三年的合作和发展，2019年4月，科技文化交流中心在兰州交通大学开展系列学术交流活动。北马其顿东南欧洲大学科技园项目经理维萨尔·德米里、当代科学与技术学院院长艾德里安·贝斯米教授及布扎尔·拉菲教授、维萨尔·谢胡教授一行4人到访兰州交通大学。北马其顿代表团与甘肃省科技厅和兰州交通大学领导举行会谈，甘肃省科技厅领导表示将大力支持两国间的科技合作与交流，支持双方共建联合实验室、技术转移中心等合作平台，推动科技发展和创新合作的硕果惠及两国人民。[3]

---

[1] 兰州交通大学. 兰州交通大学–马其顿信息科学与技术大学科技文化交流中心在马其顿揭牌[EB/OL].（2016-06-30）[2021-03-29]. https://news.lzjtu.edu.cn/info/1002/1707.htm.

[2] 兰州交通大学. 我校与马其顿信息科学与技术大学签署合作协议[EB/OL].（2016-03-30）[2021-03-29]. https://news.lzjtu.edu.cn/info/1002/2411.htm.

[3] 兰州交通大学. 兰州交通大学–北马其顿科技文化交流中心建设项目学术交流活动在我校举行[EB/OL].（2019-04-26）[2021-03-29]. https://www.lzjtu.edu.cn/info/1063/6274.htm.

2019年10月10日，在中国科技部的立项支持下，中国甘肃–北马其顿科技文化交流中心实验室（以下简称科技文化交流中心实验室）在北马其顿奥赫里德举行揭牌仪式，并投入运行。甘肃省科技厅厅长史百战和信息科学与技术大学校长尼罗斯拉夫·玛瑞纳共同为实验室揭牌。科技文化交流中心实验室的建成有力地促进了中国与北马其顿的科技创新合作，改善了信息科学与技术大学信息技术专业的教学环境。中国驻北马其顿大使张佐称科技文化交流中心实验室是科技文化交流中心项目的重要成果，科技文化交流中心及其实验室的建立"填补了我国在北马其顿高校层面交流的空白"。[1]

二、思考与展望

斯科普里孔院及科技文化交流中心项目在北马其顿的成功建立和繁荣发展是中国和北马其顿在教育领域合作的生动案例。孔子学院和汉语教学点的建设极大地增进了北马其顿人民对于中国文化和当代中国社会的了解，为两国教育、文化、经济等领域的合作打下了坚实的基础。科技文化交流中心及其实验室的建立则为中国和北马其顿两国在高新科技领域的创新合作和人才培养提供了重要平台。这两个案例的成功展现了中国与北马其顿在文化教育领域广阔的合作前景，也证明了只要是符合两国人民根本利益的合作就一定可以得到两国人民的拥护和支持，也一定可以取得丰硕的成果。

在上述两个教育合作案例于北马其顿落地生根的成功经验的基础上，国家应大力支持有条件的中国高校赴北马其顿开展联合办学或设立海外校

[1] 兰州交通大学. 中国甘肃–北马其顿科技文化交流中心实验室在北马其顿落成并投入运行[EB/OL].（2019-10-14）[2021-03-29]. http://www.lzjtu.cn/info/1063/6970.htm.

区，以进一步提升中国高等教育的国际影响力，造福两国人民。在本书第六章中我们曾经介绍过，北马其顿国内目前仅有20余所高校，受过高等教育的高素质人才数量难以满足北马其顿现代社会发展的需要。中国高校应该把握住这一机会，在北马其顿境内通过合作办学或设立海外校区的方式将中国优质的高等教育资源带到北马其顿。如此，不仅可以提高中国高等教育的国际化程度，而且可以更好地向北马其顿人民介绍中国发展现状，讲好中国故事，助力“一带一路”倡议和中国–中东欧合作行稳致远。

此外，中国和北马其顿两国应加快学历学位互认工作的进程。两国在中国–中东欧合作的大背景下，均有积极意向开展互派留学生的工作。如果能够早日扫清学历学位认证的障碍，将会极大地促进两国之间高等教育和学术人才交流的发展与繁荣。[1] 中国还可以积极与北马其顿开展学前教育、基础教育和职业教育等领域的合作，相互学习借鉴，取长补短，共同促进两国教育事业的繁荣发展。

总之，中国与北马其顿虽然地理距离较为遥远，但是两国人民民心相通，有着共同的对于美好生活的向往。在“一带一路”倡议和中国–中东欧合作等区域合作的大背景下，推动两国在文化教育领域的各项交流合作有利于增进两国人民的共同福祉，有利于构建人类命运共同体，也有利于中国在国际社会上获得更多的理解与支持。

---

[1] 刘进，杨莉．“一带一路”沿线国家的高等教育现状与发展趋势研究（二十一）——以马其顿为例 [J]. 世界教育信息，2019（3）：36-41.

结 语

北马其顿作为一个独立的国家虽然历史算不上悠久，但也拥有自己独具一格的文化传统、民族特色和教育体系。作为欧洲经济发展水平相对落后、国土面积相对较小、人口数量相对较少的国家，北马其顿的教育发展面临着不可回避的困境和挑战。为了实现加入欧盟的国家战略目标，北马其顿在教育体系上不断向欧盟国家和欧盟标准看齐，然而与欧盟国家相差较大的社会和经济发展水平又制约了北马其顿的教育欧洲化进程。教育在一个国家的发展过程中扮演着至关重要的角色，教育兴则国家兴，教育强则国家强。但同时，教育的发展也必然需要依靠国家经济、政治、文化等多领域的同步发展与配合支持。理想的教育目标与不充分、不均衡的社会发展现实之间的矛盾不只困扰着北马其顿，也在相当程度上困扰着欧洲乃至世界上众多发展中国家和不发达国家。总结北马其顿教育领域的经验和教训可以帮助我们更好地了解世界教育发展格局，为中国的教育改革和教育国际化提供参考与帮助。

北马其顿在学前教育、基础教育、职业教育、成人教育、高等教育等领域均提出了对标欧盟国家的目标。例如，在学前教育领域，要求教师拥有本科以上学历；在基础教育阶段，提出“一人一台电脑”的目标；在职业教育领域，学习德国开展“二元制”职业教育；在成人教育领域，提出“全民终身学习”理念；在高等教育领域，积极加入“博洛尼亚进程”，建立符合欧洲学分转移和累积系统的高等教育评价体系。这些教育政策和实践体现出北马其顿政府对于教育发展的重视和融入欧洲教育体系的决心。然而，也必须看到，北马其顿在教育方面存在教学和教育管理人才不足、教育评价体系有效性低、教育质量保障体系薄弱、学生学习成果不理想、终身学习理念社会接受度较低等问题。这些问题的产生一方面是因为政府政策的制定与社会现实有一定的脱节，执行效率不足，另一方面则是由于缺乏稳定的财政资金保障、教育经费紧张造成的。

北马其顿政府已经意识到了这些困难和问题，并在《2018—2025 年教育策略和行动计划》中提出了具体的解决方案和行动措施。在学前教育阶段，北马其顿政府提出要在 2025 年前优化《儿童早期学习发展标准》并确保标准的落实，同时要通过立法、管理、社会合作等方式提供更多的学前教育机会，提高学前教育机构的师资力量水平。在基础教育阶段，北马其顿政府致力于改进基础教育内容，保证基础教育的教学质量，优化基础教育学校的办学条件，提升基础教育学校的师资力量和管理水平。针对职业教育，北马其顿政府提出要让职业教育更好地满足就业市场需求，通过与企业用人单位的合作，为学生提供更多实习实训机会，提高职业教育质量。对于高等教育，北马其顿政府把提升高等教育质量、支持高校科研创新、使高等教育全面符合欧盟标准作为首要任务。对于成人教育，北马其顿政府提出将增加成人教育的机会，提升社会公众对成人教育重要性的认识，从而促进全社会的终身学习意识。针对各个层级的教育，北马其顿政府也明确提出要全面提高学校教师的业务水平，加大教师职业培训力度，而且要通过立法保障教育资金的支持。质胜于华，行胜于言。北马其顿教育发展的历史告诉我们，政策的制定不代表政策的执行。全面提高国家的教育发展水平，除了制定良好的教育政策，更重要的是政策的落实。北马其顿能否在 2025 年实现上述教育目标，值得进一步观察和研究。

作为“一带一路”倡议的沿线国家和中国–中东欧“17+1”合作的成员国，中国与北马其顿的教育合作有着广阔的前景。国之交在于民相亲，民相亲在于心相通。自 2000 年以来，中国为北马其顿提供了包括教学设备、校舍装修、校车、教育数字化平台等一系列的教育援助。来自中国的无私援助帮助北马其顿解决了教育发展中的实际困难，也赢得了北马其顿人民的赞誉。由西南财经大学和斯科普里大学合作成立的斯科普里孔子学院于 2013 年建成并开始招生。这是北马其顿第一所孔子学院，为北马其顿的中文教育打开了新的契机，为传播中国文化、讲好中国故事奠定了基础。通过孔子学院，更多的北马其顿人民开始了解中国文化，了解今天的中国。同时，孔子学院的开办也为中国和北马其顿两国的全面合作培养了越来越多的语言文化人才。兰州交通大学与北马其顿信息科学与技术大学联合创办的科技文化交流中心填补了中国和北马其顿在高等教育领域的空白。开展高等教育合作有利于北马其顿人民特别是年轻人了解中国蓬勃发展的教育和科技事业，这为中国和北马其顿的教育交流合作创造了积极的环境。

国家应支持和鼓励有条件的中国高校与北马其顿高校开展合作办学。在合作办学成功的基础上，还可以谨慎推进在北马其顿建设中国高校海外分校。为了支持高等教育领域的合作行稳致远，中国和北马其顿两国应加快学历互认工作的进度，早日实现两国高等教育学历学位互认，进一步促进两国的高等教育交流。此外，在学前教育、基础教育、职业教育等领域，两国的合作目前仍是空白。两国教育部门可以探索在更多教育层次和领域进行合作。

当然，我们在积极推进教育合作的过程中也应该对北马其顿的政策变化、政治环境等进行充分的调研和分析。要清醒地认识到，虽然两国在教育领域有着广阔的合作前景，但作为北约成员国和一个正在积极寻求加入欧盟的国家，北马其顿的国家政策和导向将不可避免地受到中欧关系乃至中美关系的影响。尽管面临挑战，但是中国和北马其顿教育合作的前景依然值得期待。正如习近平主席在中国–中东欧国家领导人峰会上的主旨讲话中强调的："我们身处一个充满挑战的时代。世纪疫情和百年变局交织，带来深远影响。前所未有的挑战，需要各国以前所未有的团结协作共同应对。”[1] 只要我们在两国的教育合作中坚持相互尊重、共商共建共享，坚持务实合作、增进两国民生福祉，坚持开放包容，以协商合作弥合两国之间的差异，解决分歧，中国和北马其顿两国的教育合作就一定能够取得造福两国人民的累累硕果。

[1] 中国政府网. 习近平在中国–中东欧国家领导人峰会上的主旨讲话（全文）[EB/OL]. (2021-02-09) [2021-07-03]. http://www.gov.cn/xinwen/2021-02/09/content_5586359.htm.

附　录

一、EDUINO 在线学习平台

EDUINO 是北马其顿劳动和社会政策部联合教育和科学部、教育发展局、联合国儿童基金会等政府部门和国际组织共同开发的学龄前儿童在线学习平台。该平台于 2020 年正式上线。儿童家长和学前教育教师可以在 EDUINO 平台上免费搜索、下载和使用各类儿童学习资源和游戏，以及专门为 3—6 岁儿童设计的活动内容。该平台将学习内容和游戏相结合，寓教于乐，为学龄前儿童在幼儿园以及家庭中的学习成长提供支持。

EDUINO 平台的各类资源均通过视频形式呈现，每个视频时长约 15 分钟，配有马其顿语和阿尔巴尼亚语的旁白和字幕。目前，EDUINO 平台上已有超过 150 段教学视频资源，且视频数量仍在持续增加。

二、修订《儿童保护法》

北马其顿于 2018 年 2 月、2019 年 5 月和 2019 年 7 月三次修订《儿童保护法》。在 2018 年的修订中，北马其顿首次将家庭学前教育纳入学龄前儿童的教育和抚养之中。同时，法律也明确了开展家庭学前教育的从业人员需要具备的能力和职业资质。在2019年的两次修订中，北马其顿将幼儿园教师、专业技术人员及教学辅助人员的薪资提升了16%。新的薪资标准自2019年7月开始执行。此次法律修订还首次明确了北马其顿学前教育领域的从业人员的职业发展路径，为学前教育教师的发展提供了保障。

三、在基础教育阶段开设新的公民教育课程

2018年6月，北马其顿教育和科学部正式发布新的公民教育课程规划。此次新课程标准由教育和科学部2018年1月成立的公民教育提升专家组负责制定。在此之前，北马其顿公民教育课程新课标的制定已经推迟了8年多。新的公民教育课程的内容主要包括：公民身份认同、公民关系与合作、公民与社会、宗教信仰、公民社会中的艺术与媒体、公民与国家以及公民与世界。在新课程标准提出后，北马其顿教育发展局于2018年10月开展了针对公民教育课程教师的专项培训工作。此次新课程标准的制定、执行及教师培训活动得到了美国国际开发署“教育中的跨种族青年融合”项目以及瑞士裴斯泰洛齐儿童基金会的资助。

四、修订《初等教育法》和《中等教育法》

北马其顿于2019年和2020年多次修订《初等教育法》和《中等教育法》。其中，2019年修订的《初等教育法》强调提高教学质量、加强校园内的反歧视和反侮辱、增强教育包容性、为残疾学生提供全面支持、提高学校管理水平、建立学生学习外部评估机制、支持学生参与国际比赛等。2020

年修订的《初等教育法》和《中等教育法》则主要是在新冠肺炎疫情全球大流行的背景下提出并建立紧急状况下的教育保障体系。新修订的法律规定：在面临紧急状况（如疫情或自然灾害）时，政府可以对学校的开学和放假日期进行调整；学校应采取远程授课的方式开展教学，且只有在符合政府提出的教学计划和标准的情况下才能恢复线下授课。恢复线下授课后，为了更好地保护学生的健康和安全，每节课的授课时间可少于 40 分钟，每学年的教学天数可以从 180 天最多缩减至 100 天。

五、疫情下的高等教育政策

2020 年 6 月 13 日，北马其顿政府颁布法令，为年龄未满 29 岁且至少完成高中教育的青年学生发放“数字技能学习折扣券”，以鼓励年轻人通过学习数字技能提升他们在疫情影响下的劳动市场上的就业竞争力。根据法令规定，折扣券可以为学生支付最多 50% 或最高 30 000 第纳尔（约合人民币 3 700 元）的数字技能培训学费。同年 6 月 17 日，北马其顿教育和科学部出台政策，为受到新冠肺炎疫情影响的学生提供补助，为受国家资助的低收入家庭的大学生一次性提供 6 000 第纳尔（约合人民币 740 元）的学费和房租补助。

六、科技创新激励计划

2020 年 10 月 1 日，北马其顿创新和科技发展基金联合教育和科学部为鼓励国家科技发展提供了 34 个资金激励名额，总价值约 1 500 万第纳尔（约合人民币 185 万元）。此次计划的主要目的是促进青年研究者的职业发展，帮助企业提升市场竞争力。每个获得资助的研究项目将得到最多 80% 或最高 50 万第纳尔（约合人民币 61 000 元）的研究经费资助，其余费用由研究项目的合作企业支付。受资助的项目应在 6 个月内完成，资助经费可以用于产品开发或优化、实验室样品生产、产品原型研发、产品或技术测试、与创新活动相关的咨询服务、专用软件的开发以及技术培训等。根据统计，此次科技创新激励计划入选的项目有 68% 来自斯科普里大学，26% 来自戈采·德尔切夫大学，还有 6% 来自比托拉大学。绝大部分的合作企业为初创企业和小微企业。

七、发展双元制职业教育

北马其顿的三年制双元职业教育计划最早于 2017—2018 学年开始试行。双元制职业教育引进德国的成功经验，帮助企业获得高素质的职业技术人才。北马其顿政府目前主要在中等教育阶段开展双元制职业教育。参与双元制职业教育的学生会在对口企业中学习专业技能，企业会为前来学习的学生提供奖学金，学生在毕业后有义务在该企业工作满一定时间。

八、包容教育（Be IN, Be INclusive, Be INcluded）计划

包容教育计划由“一步一步”（Step by Step）基金会、促进和发展包容社会协会、Handimark 残疾人服务协会提出，与北马其顿教育和科学部以及教育发展局合作实施，由欧盟提供经费支持。该计划的行动期限为 2020 年 9 月 1 日—2023 年 8 月 31 日，目标是为残疾儿童提供完整和平等的基础教

育机会，保障残疾儿童在普通学校中接受高质量教育的权利。包容教育计划在 2020 年为 300 名残疾儿童提供奖学金，帮助他们在校园中接受教育。此外，该计划还通过开展包容教育宣讲、增加学校人力、增加残疾学生入学机会、为残疾学生提供学业辅导等方式帮助残疾学生融入一般教育体系。

九、发展和促进多元文化和多民族融合活动基金

此类基金由北马其顿教育和科学部提供，目的是在北马其顿社会中建立良好的多元文化氛围和多民族和谐共融环境，帮助学校开展多民族和多文化教育，为不同民族文化背景的学生共同学习提供良好的环境。在此类基金的支持下，学校可以组织不同民族文化背景的学生共同学习和参加课外活动，或在学校中开展多语言教学。目前，北马其顿教育和科学部每年为 95 所学校（包括 70 所初等教育学校和 25 所中等教育学校）提供发展和促进多元文化和多民族融合活动基金。

十、完善教育质量保障体系

北马其顿近年来重视教育质量提升，建成了主要由国家教育督查局、教育发展局以及国家考试中心负责的教育保障体系。国家教育督查局负责全部层次教育及成人教育的法律执行情况监督、教学质量把控，以及升学流程监管；教育发展局负责学前教育、初等教育和中等教育阶段的教学活动和教学质量管理，也负责特殊教育、成人教育以及学生宿舍等后勤事务管理；国家考试中心则主要负责组织各类国内考试及国际考试，同时也负责对校长或校长候选人开展培训、考核及认证工作。

北马其顿教育质量保障体系目前主要的问题是质量监管机构的评估结果对于教育质量的提升帮助不大。为此，北马其顿劳动和社会政策部为学前教育提出了基于《早期学习质量和成果》（MELQO）工具的新的质量监测工具及配套措施；北马其顿政府也成立了由大学教授、马其顿科学和艺术学院院士、高校代表以及学生代表组成的高等教育质量处。上述措施尚处于初步实施阶段，其对于北马其顿教育质量的影响仍待继续观察。

十一、北马其顿教育中的信息和网络技术应用

北马其顿政府重视信息和网络技术的普及和应用，于2005年提出《2005—2015年国家信息社会发展策略和行动方案》，后又于2015年提出《2015—2018年国家信息通信技术策略》等政策文件。此外，北马其顿政府还开展了“马其顿计算机专家”行动、“每个人的免费互联网”行动等活动促进信息和网络技术的普及。在政策支持下，北马其顿国内的网络和信息化建设得到较大发展。2018年，有79.3%的北马其顿家庭已经连接互联网；79.2%年龄在15—74岁的北马其顿居民使用互联网；74.9%的北马其顿人在日常学习工作中使用计算机、智能手机、平板电脑等设备。

在教育领域，北马其顿政府于2002年起就在全国范围内大力发展电化和数字化教育。高等教育在电化和数字化教育方面起步更早。作为北马其顿“马其顿学术研究网络”（MARnet）的一部分，斯科普里大学自2000年年初就开始建设校园内的网络基础设施，在不同校区间建设高速网络光缆，并在校园内铺设无线网络热点（Wi-Fi）。目前，在MARnet网络服务的支

持下，北马其顿已有多所大学接入 eduroam[1] 网络，为在校师生提供便捷开放的全球网络访问服务。在基础教育领域，北马其顿政府自 2008 年起，在 6 年时间里通过“一人一台电脑”计划为全国范围内的小学和中学配置了约 100 000 台计算机。同时，政府也在学校里大力普及互联网，增加 Wi-Fi 覆盖，基本实现了每所学校（包括偏远地区的卫星学校）都能连通网络。

在普及互联网的基础上，北马其顿政府还积极推广数字教育资源和开放教育资源。自 2010 年起，斯科普里大学等高校开始出版电子教材，目前有超过 1 000 本的大学教材被翻译成马其顿语并在线出版。在基础教育领域，越来越多的教辅材料也开始发布网络版或电子版。除了教材，基于网络的开放教学资源和教学管理平台也在北马其顿得到了应用，许多学校开始使用 Moodle[2]、Microsoft 365 等平台，或自行开发数字教学管理平台（如斯科普里大学的 iKnow 信息管理平台）。

北马其顿教育中的信息和网络技术应用也依然存在一些问题。尽管政府的大力推广使得网络和计算机的普及率较高，但是在实际教学中，电化和数字化技术使用仍然不足。根据研究报告，大部分北马其顿的小学教师在日常教学中仅会用到文本编辑软件、电子邮件、幻灯片展示等基本的数字技术，而较少使用其他形式的多媒体教学资源。同时，在职教师缺乏数字技术使用的相关培训，大量教师仍不能熟练使用各类开放教育资源数据库，也无法自行开发数字化教学资源和教学材料。另外，如同在本书正文中提到的，北马其顿政府在为学校配备大量计算机后，缺少后续维护和升级计算机的经费支持，计算机老化和配置落后等问题仍待解决。

---

[1] eduroam（education roaming）是为科研和教育机构开发的全球漫游网络连接和认证服务，拥有 eduroam 账号的用户可以使用所在机构的账号免费连接任何一所接入 eduroam 网络的机构的网络热点。根据 eduroam 官网资料显示，其现已覆盖全球 100 余个国家和地区超过 6 000 家科研机构和教育机构。我国目前有 74 所科研机构和 258 所高校加入了 eduroam 网络。

[2] Moodle（Modular Object-Oriented Dynamic Learning Environment）是自由开源的网络课程和学习管理系统软件包，使用者可基于此软件包建设在线课程及学习资源管理平台。目前，Moodle 在国内外众多高校广泛应用。

十二、2015 年 PISA 测试反映出北马其顿教育的不平等 [1]

PISA 测试是由经济合作与发展组织组织的国际知名的学生学业水平测试，主要评估 15 岁学生的语文阅读、数学和科学学科的学业水平和能力。2015 年 PISA 测试共有约 540 000 名来自 72 个国家或经济体的学生参与，北马其顿在此次参与测试的 72 个国家或经济体中排名倒数第四。本书正文部分曾对造成北马其顿学生学业水平不理想的相关因素进行考察。除了表层的学业成绩问题外，经济合作与发展组织在对 PISA 2015 测试结果进行深度分析后还发现，北马其顿国内存在较为严重的教育不平等现象，这主要体现在以下四个方面。

一是社会经济弱势背景学生难以在学业成绩上取得突破。从社会经济背景来看，北马其顿社会经济条件占优势的学生与社会经济条件处于劣势的学生在 PISA 2015 测试中的成绩并没有显著差异。然而，这并不代表北马其顿教育的平等，而是说明北马其顿学生总体学业水平过低。就北马其顿自身来看，仅有 4.1% 的来自社会经济弱势背景的学生能够克服社会经济条件的限制，在测试中取得全球前 25% 的好成绩。而与北马其顿相邻的克罗地亚和黑山，则分别有 24.4% 和 9.4% 的社会经济弱势背景学生能够实现学业成绩上的突破。

二是社会经济弱势背景学生更多进入职业教育学习。根据 PISA 2015 的统计数据，来自社会经济弱势背景家庭的学生进入职业教育学习的比例是来自社会经济背景较好家庭的学生的三倍。同时，职业教育学生的 PISA 2015 测试成绩比普通中学学生的成绩低了 21 分。

三是男女生学业水平差异大。在 PISA 2015 测试中，北马其顿女生在科

---

[1] OECD. OECD reviews of evaluation and assessment in education: North Macedonia[M]. Paris: OECD Publishing, 2019: 73-76.

学学科的平均成绩比男生高 20 分；在数学学科的平均成绩比男生高 7 分；在语文阅读方面的平均成绩更是比男生高出 46 分，相当于比男生多接受了一年的学校教育。在北马其顿的国家毕业考试中也出现了类似的性别差异。

四是城乡学生学业水平差异大。在全部 72 个参加 PISA 2015 测试的国家或经济体中，北马其顿学生学业水平的城乡差异是最大的。其农村地区学生的测试平均成绩比城市地区学生低了 47 分（经济合作与发展组织国家或经济体农村和城市学生的平均分差为 17 分），这样的差距相当于农村地区学生比城市地区学生少接受了一年半的学校教育。城乡间的教育不平等体现在各个教育阶段。根据世界银行 2015 年的统计，北马其顿城市地区儿童接受学前教育的比例是农村地区儿童的 6 倍；城市地区学生的高中入学率为 75%，而农村地区的高中入学率为 61%。

参考文献

一、中文文献

艾兴．高等教育学 [M]．重庆：西南师范大学出版社，2020.

鲍里奇．有效教学方法 [M]．9 版．杨鲁新，译．上海：华东师范大学出版社，2021.

北京教育科学研究院国际教育信息中心．全球化时代国际教育发展趋势：近年来发达国家教育改革的政策分析 [M]．福州：福建教育出版社，2019.

本书编写组．习近平总书记教育重要论述讲义 [M]．北京：高等教育出版社，2020.

蔡昉，诺兰．"一带一路"手册 [M]．北京：中国社会科学出版社，2018.

陈逢华，靳乔．阿尔巴尼亚文化教育研究 [M]．北京：外语教学与研究出版社，2021.

陈华．马其顿 [M]．大连：大连海事大学出版社，2018.

方汉文．比较文化学新编 [M]．北京：北京师范大学出版社，2011.

冯增俊，陈时见，项贤明．当代比较教育学 [M]．2 版．北京：人民教育出版社，2015.

高福进．欧洲文化史 [M]．北京：人民出版社，2018.

格利克曼．教育督导学：一种发展性视角 [M]．10 版．任文，译．上海：华东师范大学出版社，2020.

格林．教育领导力 [M]．5 版．黄一玲，焦连志，译．上海：华东师范大学出版社，2021.

顾明远，孟繁华．国际教育新理念 [M]．修订版．海口：海南出版社，2003.

顾明远．顾明远教育演讲录 [M]．北京：人民教育出版社，2014.

国家信息中心"一带一路"大数据中心．"一带一路"大数据报告（2017）[M]．北京：商务印书馆，2017.

贺国庆，朱文富，等．外国职业教育通史 [M]．北京：人民教育出版社，2014.

黄雅婷．塔吉克斯坦文化教育研究 [M]．北京：外语教学与研究出版社，2021.

教育部课题组．深入学习习近平关于教育的重要论述 [M]．北京：人民出版社，2019.

李春生．比较教育管理 [M]．南京：江苏教育出版社，2008.

李洪峰，崔璨．塞内加尔文化教育研究 [M]．北京：外语教学与研究出版社，2021.

李森，陈晓端．课程与教学论 [M]．北京：北京师范大学出版社，2015.

联合国教科文组织国际 21 世纪教育委员会．教育——财富蕴藏其中 [M]．联合国教科文组织总部中文科，译．北京：教育科学出版社，1996.

联合国教科文组织国际教育发展委员会．学会生存——教育世界的今天和明天 [M]．华东师范大学比较教育研究所，译．北京：教育科学出版社，1996.

梁月婵．马其顿帝国 [M]．济南：山东科学技术出版社，2017.

刘辰，孟炳君．阿联酋文化教育研究 [M]．北京：外语教学与研究出版社，2021.

刘迪南，黄莹．蒙古国文化教育研究 [M]．北京：外语教学与研究出版社，2021.

刘捷，谢维和 . 栅栏内外：中国高等师范教育百年省思 [M]. 北京：北京师范大学出版社，2002.

刘捷．教育的追问与求索 [M]．北京：人民出版社，2021.

刘捷．专业化：挑战 21 世纪的教师 [M]．北京：教育科学出版社，2002.

刘进，张志强，孔繁盛．“一带一路”高等教育研究（2019）：国际化展望 [M]．北京：北京理工大学出版社，2020.

刘进．“一带一路”学生流动与教育国际化 [M]．北京：北京理工大学出版社，2020.

刘立新，周凤华．新职业教育：培养面向未来的人才 [M]．北京：中国人民大学出版社，2019.

刘生全．教育成层研究 [M]．北京：教育科学出版社，2011.

刘欣路，董琦．约旦文化教育研究 [M]．北京：外语教学与研究出版社，2021.

柳海民．教育学原理 [M]．2 版．北京：高等教育出版社，2019.

卢晓中．比较教育学 [M]．北京：人民教育出版社，2020.

陆有铨．教育的哲思与审视 [M]．北京：人民教育出版社，2016.

马健生．比较教育 [M]．北京：高等教育出版社，2010.

马细谱，余志和．巴尔干百年简史 [M]．北京：中国青年出版社，2018.

马细谱．巴尔干近现代史 [M]．北京：中国社会科学出版社，2021.

马细谱．南斯拉夫通史 [M]．上海：上海社会科学院出版社，2020.

马细谱．追梦与现实——中东欧转轨 25 年研究文集 [M]．北京：中国社会科学出版社，2016.

欧文斯，瓦莱斯基．教育组织行为学：领导力与学校改革 [M]．11 版．吴宗西，译．上海：华东师范大学出版社，2021.

秦惠民，王名扬．高等教育与家庭流动 [M]．北京：科学出版社，2019.
秦惠民．教育法治与大学治理 [M]．北京：人民出版社，2021.
全国十二所重点师范大学．教育学基础 [M]．3 版．北京：教育科学出版社，2014.
任钟印．东西方教育的覃思 [M]．北京：人民教育出版社，2017.
桑戴克．世界文化史 [M]．陈廷璠，译．上海：上海三联书店，2005.
石筠弢．学前教育课程论 [M]．2 版．北京：北京师范大学出版社，2014.
孙有中，金立贤．跨文化研究、教学与实践 [M]．北京：外语教学与研究出版社，2018.
孙有中，王俊菊．跨文化教育与人类命运共同体构建 [M]．北京：外语教学与研究出版社，2019.
陶平生，等．共建“一带一路”国际规则研究 [M]．北京：中国发展出版社，2021.
滕大春．教育史研究与教育规律探索 [M]．北京：人民教育出版社，2019.
滕大春．美国教育史 [M]．2 版．北京：人民教育出版社，2001.
万作芳．谁是好学生：关于学校评优标准的社会学研究 [M]．长春：吉林人民出版社，2006.
王承绪，顾明远．比较教育 [M]．5 版．北京：人民教育出版社，2015.
王道俊，郭文安．教育学 [M]．7 版．北京：人民教育出版社，2016.
王定华，秦惠民．北外教育评论：第 2 辑 [M]．北京：外语教学与研究出版社，2021.
王定华，杨丹．人类命运的回响——中国共产党外语教育 100 年 [M]．北京：外语教学与研究出版社，2021.
王定华，曾天山．民族复兴的强音——新中国外语教育 70 年 [M]．北京：外语教学与研究出版社，2019.

王定华．教育路上行与思 [M]．北京：人民出版社，2020．

王定华．美国高等教育：观察与研究 [M]．2 版．北京：人民教育出版社，2021．

王定华．美国基础教育：观察与研究 [M]．2 版．北京：人民教育出版社，2021．

王定华．新时代高品质学校建设方略 [M]．长春：东北师范大学出版社，2019．

王定华．中国基础教育：观察与研究 [M]．北京：人民教育出版社，2021．

王定华．中国教师教育：观察与研究 [M]．北京：人民教育出版社，2020．

王辉．“一带一路”国家语言状况与语言政策：第 2 卷 [M]．北京：社会科学文献出版社，2017．

王吉会，车迪．刚果（布）文化教育研究 [M]．北京：外语教学与研究出版社，2021．

王晶，刘冰洁．摩洛哥文化教育研究 [M]．北京：外语教学与研究出版社，2021．

王名扬．美国公立研究型大学内部质量改进的实证研究 [M]．北京：中国社会科学出版社，2020．

王晓辉．比较教育政策 [M]．南京：江苏教育出版社，2009．

王志彦，李朝辉，白素娥．高等教育学 [M]．北京：高等教育出版社，2019．

乌本．校长创新领导力：引领学校走向卓越 [M]．8 版．王定华，译．上海：华东师范大学出版社，2021．

吴白乙，霍玉珍，刘作奎．中国–中东欧国家合作进展与评估报告（2012—2020）[M]．北京：中国社会科学出版社，2020．

吴式颖，李明德．外国教育史教程 [M]．3 版．北京：人民教育出版社，2015．

习近平．论坚持推动构建人类命运共同体 [M]．北京：中央文献出版社，2018．

习近平．习近平谈“一带一路”[M]．北京：中央文献出版社，2018.

谢维和．教育活动的社会学分析：一种教育社会学研究 [M]．修订版．北京：教育科学出版社，2007.

谢维和．我的教育觉悟 [M]．北京：人民教育出版社，2016.

徐辉．国际教育初探——比较教育的新进展 [M]．2 版．成都：四川教育出版社，2005.

亚当斯．教育大百科全书：比较教育与国际教育 [M]．朱旭东，译．重庆：西南师范大学出版社，2011.

杨汉清．比较教育学 [M]．3 版．北京：人民教育出版社，2015.

叶忠海．现代成人教育学原理 [M]．北京：中国人民大学出版社，2015.

裔昭印，徐善伟，赵鸣歧．世界文化史 [M]．增订版．北京：北京大学出版社，2010.

苑大勇．国际高等教育协同创新与人才培养比较研究 [M]．北京：知识产权出版社，2020.

苑大勇．国际终身学习政策语境、路径与形态研究 [M]．北京：国家开放大学出版社，2020.

张方方，李丛．安哥拉文化教育研究 [M]．北京：外语教学与研究出版社，2021.

赵刚，林温霜，董希骁．中东欧蓝皮书：中东欧国家发展报告（2020）[M]．北京：社会科学文献出版社，2021.

郑通涛，方环海，陈荣岚．“一带一路”视角下的教育发展研究 [M]．广州：世界图书出版广东有限公司，2017.

朱睿智，杨傲然．莫桑比克文化教育研究 [M]．北京：外语教学与研究出版社，2021.

二、外文文献

AMOS S K. International education governance[M]. Bingley: Emerald, 2010.

BILLETT S. Vocational education: purposes, traditions and prospects[M]. Dordrecht: Springer Science & Business Media, 2011.

CHECK J, SCHUTT R K. Research methods in education[M]. Thousand Oaks, CA: Sage Publications, 2011.

GEORGIEVA V, KONECHNI S. Historical dictionary of the Republic of Macedonia[M]. Lanham, MD: Scarecrow Press, 1998.

LAND R, GORDON G. Enhancing quality in higher education: international perspectives[M]. London: Routledge, 2013.

LOUGHRAN J, HAMILTON M L. International handbook of teacher education[M]. Nicosia: HM Studies and Publishing, 2018.

Ministry of Education and Science of the Republic of Macedonia. Education Strategy 2018—2025 and Action Plan[M]. Skopje: Ministry of Education and Science of the Republic of Macedonia. 2018.

OECD. OECD reviews of evaluation and assessment in education: North Macedonia[M]. Paris: OECD Publishing, 2019.

PHILLIPS J, DE. MUNCK V C, RISTESKI, L. Macedonia: warlords and rebels in the Balkans[M]. London: I. B. Tauris &, Limited, 2013.

ROISMAN J, WORTHINGTON I. A companion to ancient Macedonia[M]. New Jersey: Wiley, 2011.

ROSSOS A. Macedonia and the Macedonians: a history[M]. Stanford, CA: Hoover Press, 2013.

TEIXEIRA P, SHIN J. Encyclopedia of international higher education systems and institutions[M]. Dordrecht: Springer Netherlands, 2018.

WILSON A L, HAYES E. Handbook of adult and continuing education[M]. Lanham, MD: John Wiley & Sons, 2009.

ZIGLER E, GILLIAM W S, JONES S M. A vision for universal preschool education[M]. Cambridge: Cambridge University Press, 2006.

КОЦЕВСКИ Г. Пристапот до правничките професии за младите правници: од диплома на Правен факултет до кариера во судството и адвокатура[M]. Скопје: Македонско здружение на млади правници, 2014.